Wolfgang Laub

"Beziehungsunfähig" gibt es nicht !

Wolfgang Laub

"Beziehungsunfähig" gibt es nicht !

Tipps und Selbsterkenntnisse für Singles und Beziehungsprobleme

Trainerverlag

Impressum / Imprint
Bibliografische Information der Deutschen Nationalbibliothek: Die Deutsche Nationalbibliothek verzeichnet diese Publikation in der Deutschen Nationalbibliografie; detaillierte bibliografische Daten sind im Internet über http://dnb.d-nb.de abrufbar.

Bibliographic information published by the Deutsche Nationalbibliothek: The Deutsche Nationalbibliothek lists this publication in the Deutsche Nationalbibliografie; detailed bibliographic data are available in the Internet at http://dnb.d-nb.de.

Coverbild / Cover image: www.ingimage.com

Verlag / Publisher:
Der Trainerverlag
ist ein Imprint der / is a trademark of
AV Akademikerverlag GmbH & Co. KG
Heinrich-Böcking-Str. 6-8, 66121 Saarbrücken, Deutschland / Germany
Email: info@verlag-trainer.de

Herstellung: siehe letzte Seite /
Printed at: see last page
ISBN: 978-3-8417-5067-9

„Beziehungsunfähig“ gibt es nicht! (Wolfgang Laub)

Inhaltsverzeichnis :

Widmung

W. Laub musste selbst auch schwere Schicksalsschläge verarbeiten. Vor allem den sehr schmerzvollen Verlust seiner Eltern. Er widmet sein ganzes Wirken seinen „innigst geliebten, wundervollen, liebsten Eltern, Schwestern und Sohn“. Was er von diesen und anderen Menschen in seinem Leben an Hilfen und unendlich Wertvollem bekam möchte er gerne anderen Mitmenschen „zurückgeben“.

Über den Autor

Wolfgang Laub ist Systemischer Berater, Therapeut und Dipl.-Pädagoge, freiberuflich in eigener Praxis tätig.
Mitglied im Verband Freier Psychotherapeuten, Psychologischer Berater (VFP).
Studium in Erziehungs- und Politikwissenschaften, Psychologie und Soziologie.
Fortbildung in Sonderpädagogik, Sozialmanagement, systemische Beratung und (Familien-) Therapie. Zertifiziert als Umgangspfleger und Verfahrensbeistand in Kindschaftssachen ("Anwalt des Kindes").
Vom Gesundheitsamt zugelassener Heilpraktiker für Psychotherapie.
Über 20 Jahre tätig unter anderem als Sozialarbeiter, Heimleiter, Pädagoge/ sozialpädag. bzw. – therapeutischer Betreuer in Kinder- und Jugendwohnheimen, Jugend-, therapeutischen, integrativen und Senioren- WGs sowie Einrichtungen für psychisch bzw. körperlich kranke, beeinträchtigte, traumatisierte Menschen aus vielen Nationen.
Berufliche und ehrenamtliche Leitung div. Vereine und Projekte, von Ministerien empfohlene auf Feldern der Kinder-, Jugend-, Senioren- und Benachteiligtenhilfe sowie im Bildungsbereich. Seine Gewinne aus diesem Buch spendet er gemeinnützigen Projekten dieser Bereiche.

I. Einleitendes und viel Grund zur Hoffnung- aber auch dringende Mahnungen zur Vorsicht

Jeder Mensch trägt einen Zauber im Gesicht, der irgend jemand gefällt
(F. Hebbel)

Guten Tag, liebe Leserin, lieber Leser-
und vielen Dank für Ihr Interesse!

Und, das für Sie (bzw. Menschen, denen Sie diesbezüglich Rat und Trost geben, Mut machen wollen) wohl Wichtigste gleich zu Beginn: Ja, es gibt wirklich *immer* berechtigte Hoffnung. *Kein* Mensch muss einsam bzw. „ewiger Single" bleiben. *Kein* Mensch ist wirklich „beziehungsunfähig" bzw. muss das bleiben! Es gibt zudem immer mögliche Hilfe und Unterstützung! Bei Bedarf, wenn man das möchte, auch psychologische. Kostenlos in nahezu jeder Stadt, Gemeinde – von städt. bzw. kommunaler Seite oder Kirchen, sozialen Einrichtungen usw. bzw. von Krankenkassen übernommen (weitere Tipps dazu und weiteren nutzbaren Angeboten im Internet vgl. bitte Anlage).

Und *bitte nie zu spät- lieber einmal zu früh, vorsorglich, Beratung suchen als zu spät!* Es gab schon viel zu viele Menschen, die sich „nur" wegen Liebeskummer, Beziehungskrisen, sich einsam fühlen das Leben nahmen. Bzw. starke Depressionen, Sucht- und andere Probleme mit natürlich dann verheerenden Folge-Problemen bekamen mit oft fatalen Folgen, nicht zuletzt für Beziehungen (bzw. Suchen danach). *Bitte das nie unterschätzen! Selbst aller-stärkste Menschen brauchen oft im Leben, zumal dieses bzw. Umstände ja oft alles andere als leicht, fair und schön sind, natürlich gerade bei solchen Fragen, Hilfe. Nicht selten fachmännische.* Selbst Präsidenten sogar größter Staaten. In sehr vielen anderen Ländern, wie etwa den USA, gehört dies mittler weile ja selbst unter als sehr mächtigen, stark geltenden Menschen völlig normal dazu. Ist es „in", sich persönliche Coaches, Berater, Therapeuten zu suchen, deren Rat und Unterstützung. Bei finanziellen, beruflichen, privaten Problemen, die natürlich sehr belasten können und zu schweren Depressionen oder anderen Beschwerden führen können mit wiederum möglichen schwer wiegenden Folgen. Sogar für Beziehungen (bzw. dem Suchen danach). Solche Sorgen haben ja nichts mit „Beziehungsunfähigkeit" zu tun. Wenn ich große finanzielle, gesundheitliche, berufliche usw. Probleme habe – oder einen schlechten Partner- wäre ja eher komisch, wenn ich dann ständig „gut drauf" und happy bin. Und dann muss an den Problem-Ursachen gearbeitet werden. Eventuell schlechten Arbeitsbedingungen, Beziehungen usw. oder sonstigen Problemen. Und sich diese Unterstützung zu suchen, gönnen ist ja alles andere als ein Zeichen von Schwäche, denn *„Nichts vermittelt ein größeres Gefühl von Stärke als ein Hilferuf"* [George MacDonald].

Und selbst wenn man es sicher positiv sehen kann, dass man in Deutschland normalerweise nicht mehr von Eltern (zwangs-)verheiratet wird: Als Kehrseite der Medaille- fast Alles hat ja Vor- und Nachteile - ist man dann ja aber umso mehr auf sich selbst gestellt bei der Suche nach Partnern. Kann also gut Unterstützung dabei gebrauchen. Zumal das nicht einfach ist, selbst schlaueste Menschen können da ja oft „daneben liegen"...
Und gut, dass heute nicht mehr „Gott und Kaiser" (bzw. deren Vertreter) oder gar Führer oder Honecker und Konsorten einfach vorgeben können, was (angeblich) gut für uns ist, bzw. was ein (angeblich) „guter Mann oder Frau". Menschen zumindest offiziell – in der Praxis sieht das ja doch noch oft anders aus- auch nicht mehr wegen ihres Glaubens, sexueller oder sonstiger Gesinnung oder gar „Rasse" verteufelt werden. Und andere zu „Herrenmenschen" verherrlicht, ebenso wie bestimmte Haarfarben oder was auch immer. Allerdings gibt es heute andererseits ja kaum noch sichere Anhaltspunkte, was „gute" Männer oder Frauen, Partner, ausmacht. Frauen- und inzwischen etwas Männer-Bewegungen, Zeitschriften usw. haben da zwar unzählige Varianten entwickelt. Die oft aber, zumindest in der Summe, eher verunsichern oder überfordern als helfen. Zumal Vieles noch widersprüchlich oder nicht unumstritten ist. Und dann geht es ja vor allem noch darum seinen ganz persönlichen Weg bzw. „Traum vom Glück" - und passende Partner dazu- heraus zu finden. Das ist aber eben wahrlich alles nicht so leicht. Und bedarf oft, ggf. auch professionelle, Unterstützung. Zumal leider in Deutschland nicht – wie in anderen Ländern, die ggf. auch deshalb die, laut anerkannten internationalen Studien, glücklichsten Bürger haben- das Recht auf *Glück und Zufriedenheit* verfassungsrechtlich gesichert ist. Also in Deutschland (nur) „Privatvergnügen" ist- man muss sich also selbst darum kümmern, Hilfe dafür suchen- und es ist nicht staatliche Aufgabe seine Bürger dabei zu unterstützen glücklich zu werden. Und sein persönliches (auch Beziehungs-) Glück zu finden.

Da muss natürlich nicht peinlich sein, wenn man sich dazu dann Unterstützung suchen muss. O. g. Themen sind wohl mit der Haupt-Grund, der Menschen in Beratung bzw. Therapie führt - und ja zudem Gegenstand größter Werke der Welt-Literatur, Musik usw. ! Bei zumindest jedem 2. Ratsuchenden auch in meiner Praxis ist das in irgendeiner Form der Fall, ist aber ebenso Hilfe möglich! Zumal „Herz und Schmerz" ja doch leider meistens zusammen gehören, wenn gilt *„Wem nie durch Liebe Leid geschah dem ward auch Lieb' durch Lieb' nie nah; Leid kommt wohl ohne Lieb' allein, Lieb' kann nicht ohne Leiden sein"* (Gottfried von Straßburg).

Und „Single" sein hat ja Vorteile, ebenso wie Partner zu haben. Beides ist ja aber doch nicht einfach und hat nicht nur Vorteile. Es heißt ja nicht umsonst Beziehungs*arbeit.* Auch wenn diese oder „an sich arbeiten" gar nicht so viel Aufwand bedarf, im Gegenteil- sondern heute eher bedeutet *Auszeiten* nehmen, *inne halten, Zeit für sich bzw. Partner gönnen, mehr zum sich (und ggf. Kinder) genießen ...* Und bei der Arbeit, im Beruf, ist ein Blick von Außen, „Supervision", ja oft nötig, ratsam und hilfreich. Und es kommen heute unheimlich viele Menschen mit „Beziehungs-Problemen" in psycholog. Beratung, Therapie. Entweder unzufrieden in, mit der Beziehung bzw. Probleme dort oder weil sie keine haben. Oft schon länger, oft viele Jahre. Das betrifft sicher nicht nur einzelne Menschen, Ausnahmen bzw. „Außenseiter"! Die sieht man nur ansonsten kaum. Man denkt nur, dass alle Freunde, Bekannte usw. glückliche Singles bzw. in glücklichen, problemlosen Beziehungen sind. Oh nein. In unserer „Generation Burn-out" sieht die Realität hinter den oft nur Fassaden ja doch anders aus! So sind beispielsweise nach div. Untersuchungen und Umfragen

- über 2/3 aller Deutschen mit ihrem „Sexualleben" nicht zufrieden. Und in der Praxis Paare mit Monate bis Jahre lang keinem Sex mehr alles andere als die große Ausnahme- in einer für nahezu alle Menschen extrem stressigen Zeit- mit „Lustkiller Nr. 1"- Stress. Wo viel zu oft Zeit bzw. Kraft, Muße für Nähe bzw. „Kopf und Ohr" für Partner, Freunde, Familie usw. fehlt. Obwohl man das gerade in solch stressigen Zeiten sich natürlich oft wünscht von Partnern, Freunden, Verwandten.

Aber eben dann doch oft „Auszeiten“, Zeit für sich braucht bzw. einfach nicht mehr kann. Das ist wohl ein Hauptgrund dafür, dass Ehen heute ja nach durchschnittlich etwa 6 Jahren geschieden werden... Und auch sonst es wohl noch nie so viele Beziehungs- Krisen gab wie heute (ausführlicher dazu und gesellschaftlichen Hintergründen bei Interesse bei Engel/Gärtner-Engel). Bzw. man kaum noch Zeit, Kraft, Muße usw. hat solche- guten, Beziehungen, Freunde und Partner- zu finden.

- Im Alltagsstress, viel zu hohem Druck heute- unter dem schon zumindest jedes 3. Grundschulkind (!) leidet und zudem andere Schüler, Azubis, Studenten (mit Turbo-Abi/Studium usw.) und Berufstätige sowieso. Ebenso Arbeitslose, Rentner, „nur“ Mütter bzw. Väter usw., die zunehmend unter Burn-out bzw. Depressionen usw. leiden. Man hat kaum Zeit, Kraft um Beziehungen, selbst in der Familie, zu pflegen. Oder um überhaupt welche zu finden. Mit zudem noch zunehmend mehr, oft sehr schweren bzw. belastenden, Fern-Beziehungen oder Schicht-Diensten. Paare haben heute durchschnittlich nur etwa 4-5 Minuten (!) täglich für wirklich persönlich wichtige, interessierende Themen. Und nicht nur „Alltagskram“ bzw. Stress/Aufgaben-Bewältigung. Deutschland ist Vizeweltmeister bei Single-Wohnungen. Und etwa in Berlin ist inzwischen jede/r 2. Mensch (!) alleinstehend bzw. –wohnend ... „Single“ bzw. alleine lebend oder wohnend sein, allein bzw. getrennt erziehend usw. also ja nicht mehr die (große) Ausnahme – wie es ja Begriffe wie „Single-Partys“ und dergleichen nach wie vor etwas vermuten lassen. Nach der Arbeit bzw. (auch) sonst Alltagsbewältigung ist man auch oft zu k. o. bzw. fehlt Zeit oder Geld um noch viel weg zu gehen, Leute kennen zu lernen, Kontakte zu bekommen oder pflegen. Arbeitslosen aber auch sonst zu wenig, „gering Verdienenden“. Also faktisch der großen Mehrzahl der Menschen in Deutschland. Wirklich gute Kontakte- „Börsen“ im Internet sind zudem rar oder oft teuer. Und selbst zur Auswahl was da sinnvoll ist bzw. auch günstiger ist oft Rat nötig. Rat, der oft aber (s. unten/Anlage) nicht teuer sein muss - bzw. kostenlos möglich ist.

Das ist aber alles andere als ein nur „persönliches Problem“, Phänomen, von nur „Außenseitern“ oder Menschen mit irgendwelchen „Makeln“. Denn die hat ja wirklich *jeder* Mensch, wirklich *Nobody is* perfect und alle Menschen sind schon von Natur aus ja „Mängelwesen"! *Jeder* Mensch hat oder kann ja Millionen Sachen nicht so gut wie Millionen andere Menschen ... Aber andererseits Vieles *besser*! So, als Außenseiter oder dumm, hässlich, schwach usw. fühlen sich aber nahezu alle Menschen, die damit in Beratung kommen. Es gibt aber keine hässlichen Menschen, „dumm geboren" wird ja kein Mensch. Selbst wenig wertschätzend als „mongo(loid)" bezeichnete Menschen mit wirklichen Gen-Defekten wie bei Trisomie 21, denen früher z. B. nicht einmal „Schulfähigkeit" zugetraut wurde, machen mit besserer Förderung und weniger Vorurteilen gegen sie, mehr Glauben an sie- man ist ja nicht behindert, man *wird* behindert durch zu wenig Förderung, Unterstützung bzw. Vorurteile- heute Abitur! Der erste europäische „Mongoloide" machte nun seinen Hochschulabschluss ...

Weitere Beispiele dafür, dass aus Menschen fast immer mehr werden kann als ihnen zugetraut wurde, zumal mit besserer oder überhaupt erst einmal Förderung, Unterstützung sind z. B. bei Wulf zu finden. Das ist auch wirklich nie das Problem. Zumal Single sein und Beziehungsprobleme - ebenso wie übrigens z. B. auch Burn-out, Mobbing etc.- ja unzählige Menschen nahezu jeglichen Alters, Geschlechts, Aussehens, Größe, Gewichts, Berufs, Vorlieben, Einzel- und „Trennungs"- und ebenso andere Kinder, Menschen mit schöner und nicht schöner Kindheit usw. treffen! Bitte da also nicht irgendeinen persönlichen Aspekt zu viel hinein interpretieren (lassen)!

Obwohl das wirklich in der Regel doch auch profess. Beratung bedarf. Bei fast jedem Menschen, zumindest wenn man sehr darunter leidet. Und das ist ja keine Schwäche-, sondern Zeichen für einen, ggf. auch besonders, gefühlvollen Menschen. Was ja aber nicht negativ ist! Oder eben ein sehr wertvoller, somit schmerzvoller Verlust ist. Dann aber wirklich alleine oft alles andere als einfach ist hier Auswege zu finden, das sehr leiden lassen kann. Da ist schon profess., unabhängiger Rat, Hilfe, Blick bzw. Input von Außen, empfehlenswert- mit aber dann doch wirklich immer vielen möglichen Tipps, Lösungsmöglichkeiten. Und es ist Abklärung nötig (zunächst von ärztlicher Seite), dass es nicht doch „tiefer gehende" Ursachen für Probleme bzw. mögliche Folgen gibt … Es z. B. nicht nur eine, manchmal recht normale und vorübergehende, depressive Verstimmung ist- wo z. B. auch „nur“ Rat und Trost von Freunden oder Verwandten hilft. Sondern beispielsweise eine ernsthafte Depression, mit evtl. erhöhtem Suizid-Risiko. Oder es sich dahin entwickeln könnte. Selbst wenn es eigentlich nahezu nie wirklich „Beziehungsunfähigkeit“ gibt aus medizinischer bzw. psychologischer Sicht (zumindest nicht „unheilbar“, dauerhaft). Natürlich können jedoch „psychische“ und organische, körperliche Ursachen belasten bzw. krankmachen. Letztere z. B. zu Depressionen führen, sexuelle bzw. Beziehungs-Probleme bereiten und Vieles mehr- da wird oft „Psychisches“ überschätzt und andere mögliche Ursachen zu wenig untersucht bzw. behandelt, betrachtet! Nicht zuletzt durch „nur“ zu hohen Stress bzw. zu wenig Zufriedenheit bei der Arbeit oder als Arbeitsloser- depressiv – und so, „immer schlecht drauf“, wird man natürlich Probleme nicht zuletzt in Beziehungen bekommen. Oder kaum welche finden. Da helfen keine Flirt-Kurse, Speed-Datings usw. alleine, wenn es wirklich um gesundheitliche, organisch oder – bzw. auch- psychische oder finanzielle, berufliche und sonstige private Probleme, große Sorgen, Ängste, Zweifel usw. und dafür nötige Lösungen, Hilfe geht. Und darum geht es meiner Erfahrung nach bei zumindest über 70-80 % aller Menschen, die mit vermeintlicher „Beziehungsunfähigkeit“ in Beratung kommen! Vielleicht „nur“ als Folge von Einsamkeit bzw. „Beziehungsproblemen“, die aber ja sehr belasten können, zumindest psychosomatisch. Bis hin eben z. B. zu schwerer Depressivität. Aus der man alleine nicht heraus kommt, mit bestem Willen nicht! Das muss aber wirklich fachmännisch vor Ort abgeklärt, besprochen, untersucht werden. Selbst- oder Ferndiagnosen bzw. ein Buch reicht hier *nie* aus! Ebenso irgendwelche mehr oder – meistens- weniger schlaue und viel zu allgemeine Checklisten, Psycho-Tests, Tipps usw. in Zeitschriften, Internet usw. nicht. Oder „bin ich depressiv“, „habe ich Burn-out“ nicht oder „welcher Typ passt zu mir“, „wie finde ich passende Partner“ usw. Das erfordert doch ganz persönlichen, individuell passenden Rat. Und nicht nur oft wenig seriöse „Liebeskummerpraxen“, (nur) selbst ernannte Experten oder – selbst gut meinende- „Ratgeber“ aus dem Bekannten- und Verwandtenkreis! *Bitte hier unbedingt ausreichende, angemessene fachmänn. Unterstützung suchen – bzw. anderen Menschen helfen das zu tun! Sonst kann das wirklich sehr fatal enden!* Aber bitte gute, sinnvolle, kompetente, vernünftige, zu sich passende Hilfe. Wo die „Chemie" zum Berater bzw. Therapeuten stimmt. Bzw. die „Wellenlänge", Weltanschauungen usw. Es kommen beispielsweise derzeit viele 18, 19-jährige oder „noch ältere" in u. a. meine psycholog. Beratung. Nach oft schon Jahre langer (!) Therapie zuvor. Weil sie ja mit „14, 15 immer noch keinen Freund/Freundin hatten". Da musste dann laut anderer therapeut. „Expertenmeinung" ja „natürlich" (?) die Kindheit aufgearbeitet werden, da könne ja irgendetwas nicht stimmen … Bitte? Da stimmt doch eher mit diesem „Experten" bzw. dieser Sicht Einiges nicht. Dem oder der sei einmal die Lektüre von Degens „Lexikon der Psycho-Irrtümer" empfohlen – der, als Psychologe und anerkannter Wissenschafts-Journalist, beschreibt wie heute viele eigentlich völlig normale Sachen zu psycholog. „Problemen" gemacht werden. Damit ein „zunehmendes Heer von Therapeuten" Beschäftigung finden kann … Oder „Wer therapiert die Therapeuten" von Prof. Eva Jaeggi.

Es ist ja aber noch gar nicht so lange her, da wurde selbst in Deutschland es sehr oft als „Rum-Huren" betrachtet, wenn man vor der Ehe- teilweise „erst" mit 20, 30 Jahren- eine Partnerschaft bzw. Sexualität hatte. Und das wird in einigen Gegenden bzw. Familien, auch in Deutschland, durchaus heute noch so gesehen. Das kann man natürlich (sehr) kritisch hinterfragen. Aber ja bitte alle „Extreme". Und sehr viele von den 18, 19- jährigen oder „noch älteren" hatten einfach erst einmal andere Sachen im Kopf. Nicht zuletzt sich in sozialen, ökologischen Projekten, mit oder für Freunde, Verwandte oder andere Menschen zu engagieren, für die Umwelt und *Mitmenschen* … Ist das „Beziehungsunfähigkeit"? Oder ja doch eher *vorbildlich sozial*? Natürlich kann man schon in früheren Jahren schon Partnerschaften eingehen. Aber das sollte doch eine persönliche Entscheidung sein und das hängt zudem viel von Glück oder Pech ab, wem man da so begegnet.

Aber dazu, einfach das zu tun was man möchte, einem gefällt, gut tut ohne zu viel Druck von Außen, der Umwelt, braucht man heute leider oft Unterstützung, bis hin zu guter psychologischer. Diese Hilfe muss dann natürlich nicht Jahre lange Therapie erfordern. Aber etwas psychologische, eventuell (oft wirklich sehr, sehr hilfreiche, Paar-) Beratung kann wirklich „Gold“ wert sein, auch – siehe Anlage- kostenlose. Denn natürlich können – nicht müssen, vgl. weitergehend Furman dazu!- Probleme wie Depressionen, tiefer gehende (auch organische) Ursachen haben. Obwohl die in bestimmten Grenzen und Phasen des Lebens recht üblich sind. Ebenso wie wenig Lust auf Partner(schaften). Es sollte aber sicherheitshalber ärztlich und ggf. therapeutisch abgeklärt werden. Und natürlich können Erlebnisse aus der Vergangenheit- oft aber mehr in der Gegenwart, im Beruf oder in Arbeitslosigkeit oder Zukunftsängsten- beeinflussen. Meistens gar nicht so dramatische. Aber es spiegeln sich schon oft in aktuellen Beziehungen frühere oder aktuelle Konflikte z. B. mit Eltern oder – wohl noch öfters- Geschwistern wieder. Oder ggf. im Beruf oder früheren Partnerschaften, von den Eltern untereinander usw. Jemand, der ständig mit Bruder oder Schwester oder anderen Männern oder Frauen Streit hatte hat ggf. dann wirklich erst mal die „Schnauze voll“ von Beziehungen und meidet die weitest möglich. Vielleicht nur unbewusst, unterbewusst- also kaum bewusst. Sehnt sich aber gleichzeitig nach Nähe, schönen Seiten davon. Selbst, trotz allem Streit, in früheren, z. B. Geschwister-, Beziehungen. Oder Einzelkinder- heute ja alles andere als die Ausnahme- haben eben nicht so viel Erfahrung im Umgang mit anderen, Gleichaltrigen in engeren Beziehungen und Kontakt-/Beziehungs- Knüpfung, Auseinandersetzungen usw. Bzw. mit Problem-Bewältigung dort. Beides kann aber umgekehrt ähnlich der Fall sein. Menschen mit Geschwistern mussten vielleicht ja nicht so auf Kontakte- Suche gehen, da immer mit Bruder oder Schwester unterwegs usw. Evtl. haben denen dann sogar Einzelkinder da etwas voraus, ... usw.

Und 1. oder zuletzt geborene oder mittlere Kinder haben oft auch bestimmte „Eigenarten“. Positive wie solche, auf die man etwas aufpassen muss- daran und allen anderen hier genannten Aspekten kann man aber arbeiten. Allerdings können in bestimmten Situationen später geborene Kinder die Rolle der „1.geborenen“ einnehmen, spielen natürlich noch viele andere Faktoren eine Rolle usw. Hier muss also wiederum fachmännisch, konkret, allseitig und ganzheitlich geschaut, analysiert werden. Um sich bewusster werden zu können, wie man so „gestrickt ist“, „tickt“ bzw. „ticken könnte“. Um damit (noch) besser umgehen zu können und so erkennen zu können, wer dann wohl gut zu einem passen könnte- und damit dann wo, wie man am besten solche Menschen finden kann.

Und last, not least um sich seiner Ressourcen, Stärken bewusster zu werden. Und vielleicht um zu erkennen, dass es doch einige typische „Mann-Frau-Konflikte“ gibt bzw. Männer-und Frauen-Probleme, in nahezu jeder Beziehung. Immer wieder kehrende Konflikte mit Männern bzw. Frauen – bzw. diese mit sich selbst- können wirklich dem geschuldet sein und nicht irgendwelchen persönlichen Fehlern- auch wenn wir alle natürlich immer wieder Fehler machen. Irren ist menschlich, Nobody perfect ...

Und das, Perfektion, von sich oder anderen Menschen zu erwarten wäre wirklich fatal, ein sicherer „Beziehungskiller“. *Es kann zudem kein Mensch andere Menschen- oder sich selbst- immer „ganz verstehen“*, dazu sind wir alle viel zu komplizierte, da sehr komplexe – ja ebenso positiv sehbar- Wesen. Paarforschungen belegen aber, dass z. B. bis zu 80 % von Streits bei Paaren sich darum drehen, dass man sich letztlich in unzähligen Varianten doch Unperfektion bzw. „mangelndes Verständnis“ vorwirft. Man könnte da aber Vieles viel entspannter, toleranter sehen. Zumal den meisten Menschen ja reicht „nur“ gemocht bzw. geliebt zu werden, „trotz allem“ Unperfektem- das ist ja wahre Liebe bzw. Freundschaft. Statt völlig „verstanden“.

Und in der Tat kann man sich ja nicht 1000%ig passende Partner „backen“. Das ist andererseits aber eine Erleichterung, denn auch kein anderer Mensch kann so von einem verlangen „perfekt“ „gebacken“ zu sein oder zu passen. Und „Nobody is perfect“- Toleranz und Akzeptanz nicht nur anderen Menschen, sondern *auch sich selbst* zuzugestehen ist nicht nur für Beziehungen wichtig, sondern kann generell (Über)Leben retten! Bzw. ist sinnvoll für eine bessere, schönere Welt im Großen wie „Kleinen“, Privaten, wie es sich z. B. auch meine Mutter wünschte- gefunden in einem kl. Büchlein mit ihren liebsten Weisheiten: „Ein bisschen mehr Friede und weniger Streit, etwas mehr Güte und weniger Neid, auch viel mehr Wahrheit immerdar Und Hilfe bei Gefahr … Ein bisschen mehr "Wir" und weniger „ich" ein bisschen mehr Kraft nicht so zimperlich Und viel mehr Blumen während des Lebens- denn auf den Gräbern sind sie vergebens" (Peter Rossegger).

Nur bitte eben nicht nur fair, gerecht, gnädig, gütig gegenüber anderen Menschen sein, sondern *bitte auch sich selbst gegenüber. Denn ja, Frieden und Gerechtigkeit auf der Welt sind gute Ziele- aber bitte auch für einen selbst.* Als ja ebenso selbst „Erdenbürger", Teil der Welt!

Wie wichtig das ist, nicht zuletzt für Beziehungen bzw. Angehörige, zeigte vor einiger Zeit z. B. der „Fall" von Herrn Babak Rafati. Während seiner Schiedsrichter-Zeit stand der erste DFB-Referee mit Migrationshintergrund öfters in der Kritik. „Ich musste mir viele böse Dinge anhören, das hat mich verletzt", berichtete er im einem ARD-Interview am 21. März 2013. „Es war mein Fehler, dass ich nicht ausgestiegen bin. Ich wollte kein Feigling sein. Als starker Mann hat man keine Chance, Gefühle zu zeigen", erklärte er. Seinen Irrtum- obwohl der ja nicht von ungefähr kommt, sondern sehr alten Männerbildern, selbst in Deutschland, entspringt- und heute zudem viele Frauen trifft. Seine Krankheit, starke Depressionen, wurde erst nach dem Suizidversuch festgestellt. Obwohl er oft seinen Vorgesetzten gegenüber über zu viel Druck bzw. zu wenig Anerkennung und Unterstützung geklagt hatte, wohl ohne Reaktion. Was heute leider ja oft der Fall ist, zumal selbst Mobbing ja sogar oft „von Oben" kommt. Oder von selbst Pädagogen und Psychologen, die ja gerade mit natürlich ganz anderem, besserem Vorbild voran gehen sollten. Bei der anschließenden Therapie, stationär und anschl. ambulant, unterstützte ihn seine Frau. „Sie gibt mir Halt. Die Therapie war eine unwahrscheinliche Hilfe", sagte er. Und zeigt so wie hilfreich gute aber ebenso wie schädlich schlechte private bzw. berufliche Beziehungen, bei Bedarf zusätzlich oder alternativ therapeutische, sein können.

Und es zeigt, dass man nie zu lange Gefühle, Schmerzen, Ängste, seelische Verletzungen usw. „durchstehen" sollte. „Was einen nicht umbringt macht einen hart"- dieser Unfug kann fatal enden und hat schon (zumindest fast) viel zu viele Menschen, wie eben auch Herrn R., umgebracht. Bei viel zu vielen, selbst jüngeren, Männern und Frauen ist dieser Druck „immer stark, perfekt“ sein zu müssen, „funktionieren“ zumindest un(ter)bewusst gerade in Deutschland sehr, viel zu stark. Selbst wenn man allgemein oder anderen Menschen gegenüber wirklich überzeugt „Nobody is perfect“ vertritt, das denen zugesteht. Aber sich selbst gegenüber? Oft eher nicht. Oder viel zu wenig! Das, die „innere Stimme“ in Herrn R., woher die auch jeweils kommen mag, was ihm fast das Leben gekostet hätte wenn ihn nicht gerade noch Kollegen gefunden hätten nach seinem Suizid-Versuch. Wegen viel zu viel beruflichem Druck und wohl zusätzlich Mobbing, was beides alleine natürlich schon sehr depressiv machen kann. Dies brachte Herr R. in dem Interview gut auf den Punkt: „Jeder darf Fehler machen - "nur du nicht, Babak“ ...

Aber natürlich ist wirklich *kein* (!) Mensch perfekt - frei von Fehlern, „Schuld“, „Makel“, Schwächen, Irrtümern ... Und ja, ein guter Freund ist wohl wirklich das Beste was es gibt auf der Welt. Ein guter Partner- der das ja ebenfalls sein sollte- sicher ebenso. Nur, wie z. B. dann die bewegende Aussage der Witwe von Robert Enke am Tag nach dessen Suizid zeigte („wir dachten mit Liebe geht das, schaffen wir das“) können selbst leistungs*stärkste* und sehr sozial eingestellte Menschen, wie z. B. der damalige Nationaltorwart R. Enke, selbst mit größter Liebe von Partnern, Freunden alleine Vieles nicht alleine schaffen. Und brauchen bei großen Krisen, Problemen ausreichende fachmänn. Unterstützung. Ein gutes, großes Herz kann ja zudem mehr brechen. Wie z. B. eben auch das von R. Enke, der ja extrem an einem Verlust litt, seiner kleinen Tochter- also gleichsam einer Beziehung. Oder bluten. Es braucht mehr „Versorgung“. Wohl mehr als z. B. er bekam, sich erlaubte ...

Und solche, bei Bedarf professionelle, Hilfe braucht man heute oft, selbst wenn man „nur“ am Alltagsstress und dessen Folgen leidet. Z. B. an Stress-bedingtem Übergewicht- das immer mehr Menschen seelisch wirklich sehr schwer belasten kann (dass es aber auch hier, selbst in extremsten Fällen, profess. Hilfsmöglichkeiten gibt ist z. B. zu sehen, kostenlos im Internet, auf http://www.wdr.de/tv/tag7/sendungsbeitraege/2013/0414/essen_als_suc

ht.jsp - mit dort noch ggf. nützlichen weiteren Tipps).

Und um zu wissen welcher „Topf auf welchen Deckel passt“ muss man ja zudem bei Beziehungen erst einmal wissen, wie der „Topf“ – also man selbst- eigentlich ist. Damit der nicht einmal „überkocht“ mit immer wieder ansonsten „falsch aufgesetztem Deckel“. Also mit nie befriedigten Bedürfnissen, Wünschen, Sehnsüchten usw. Zumal viele Süchte, auch Sucht-Erkrankungen, ja oft letztlich nur Ersatz-Befriedigungen für nicht erfüllte menschliche *Sehn*-Süchte sind ...
Mit all unseren, vielleicht wirklich -aber meistens ja auch liebenswerten oder nicht schlimmen- „Macken“, Ängsten. Aber ebenso Stärken, Bedürfnissen, Wünschen, Träumen ... Bzw. wie man sein, *werden* kann, möchte. Und das wissen heute erschreckend viele Menschen nicht wirklich, oft bis ins hohe Alter nicht. Fast kein Mensch! Im ewigen „Hamsterrad“ schon von klein auf, von Grundschul- bzw. sogar Kindergarten-Zeiten an. Und viele gerade Deutsche, getreu „erst die Arbeit, dann das Vergnügen“ verschieben ihre Träume „aufs Rentenalter“. Was aber etwa jeder Dritte gar nicht erlebt! Tendenz steigend. Während z. B. Geringverdiener noch 2001 im Durchschnitt nur 12,5 Jahre als Rentnerinnen und Rentner lebten, waren dies- nicht zuletzt wegen Dauerstress und unzähligen gekürzten Leistungen- 2010 nur noch 10,5 Jahre! Und dass an einigen Schulen nun schon das Fach „Glück“ eingeführt wird ist ja ebenfalls sehr aussagekräftig. Weil man sonst gar nicht so dazu kommt bzw. dabei unterstützt wird in Deutschland sich das wirklich einmal zu überlegen, Antworten zu finden- was ist eigentlich *mein ganz persönlicher Weg, Traum vom und zum Glück*? Meine ganz persönlichen Ziele, Wünsche, Träume, Bedürfnisse- auch von, in einer Beziehung? Wie kann ich das möglichst weitgehend, optimal umsetzen? Und mich einbringen, was habe ich eigentlich alles zu bieten? Ohne das zu wissen kann man ja nicht dazu Passendes bzw. „Kompatibles“ finden, den „Deckel“ sozusagen! Und um das herauszufinden brauchen die meisten Menschen heute wohl wirklich fachmänn. (psycholog.) Beratung! Um wirklich, das ist ja entscheidend, *zu sich* zu finden! Denn in der Tat ist ja nicht entscheidend im Leben wie „weit“ man kommt (auf Karriere bezogen)-

sondern ob man *zu sich findet, seinem Weg („my way“).* Und dazu (!) passenden „Wegbegleitern“ (Partnern, Freunden, ...).
Oft geht man aber Beziehungen ein mit Menschen, die dazu gar nicht passen. Aus div. Gründen. Weiteres dazu im Detail, inklusive konkret passenden Hilfen, müsste aber wiederum in persönl. (psycholog.) Beratung ganz individuell analysiert werden. Oft tut man das auch immer wieder. Und „schlussfolgert“ dann, wenn das –wenn so nicht passend- dann eben immer wieder scheitert, dass man „beziehungsunfähig“ ist. *Nein*! Wenn man auf einen Topf immer wieder falsche Deckel macht, das nicht passt/funktioniert ist ja auch nicht der Topf das Problem, oder? Aus meiner Erfahrung heraus sind *vermeintliche* „ewige Singles“ bzw. *vermeintlich* „Beziehungsunfähige“ fast nie „zu wählerisch“. Sondern *zu wenig wählerisch*! Sie verbiegen sich eher viel zu sehr um Partner zu finden. Oder tun das in Beziehungen. Beides, selbst wenn gut gedacht, *lässt aber gerade entweder Beziehungen scheitern bzw. verhindert solche, zumindest gute, gesunde von vornherein bzw. zunehmend*! Und sie verkaufen sich eher „unter Wert“, geben sich zu oft, immer wieder, mit dem oder der „Erstbesten“ zufrieden. Was aber ja meistens keine gute, optimale- und oft zumindest suboptimale- Wahl ist. Hier mit (psycholog.) Unterstützung *selbst*bewusster zu werden, sich also seiner *selbst* – all seiner Schwächen, die jeder (nobody is perfect!) hat aber vor allem Stärken- bewusster und daraus auch legitimen Wünschen, Ansprüchen (!), Erwartungen an potenzielle Partner zu entwickeln ist oft der entscheidende Schritt. Das ist ja legitim, berechtigtes Selbstwertgefühl. Eben sich seiner *Selbst* bewusst sein. Das ist keine Arroganz. Oder „Selbstverliebtheit“. Jeder Mensch hat viel zu bieten!
Und gesundes Selbstbewusstsein, trotz aller Bescheidenheit- bekanntlich eine Zier, nur bitte nicht zu viel davon, sonst wird man unsichtbar, auch für potenzielle Partner bzw. eigene Bedürfnisse und Wünsche in Beziehungen werden das- macht ja gerade sympathisch. Wenn man sich, ohne überheblich zu werden, selbst mehr mögen, schätzen, positiv sehen kann- dann kann man eine positivere Ausstrahlung bekommen, ganz natürlich. Wenn man -nur dann- selbstbewusster zu seinen Schwächen stehen kann. Das erfordert heute aber wirklich in der Regel

Unterstützung, zumal man bei der Arbeit und sonst ja eher kaum Selbstbewusstsein fördernde Anerkennung, Wertschätzung bekommt. Selbst in der Schule schon kaum in meistens viel zu überfüllten Klassen, wo Lehrer kaum auf jeden Schüler optimal eingehen können, bei Problemen helfen bzw. Stärken fördern, schätzen ... *Es schlummern also noch in jedem Menschen- auch Ihnen und Ihren Freunden, Partnern, Verwandten, Kollegen usw.- ungeahnte – bisher kaum entdeckte oder gar geförderte- Talente, Kräfte, Fähigkeiten, Ressourcen.* Die z. B. fachmännisch unterstützt noch mehr entdeckt und entwickelt werden können, ebenso wie an Schwächen gearbeitet. Was natürlich noch attraktiver machen kann.
Ebenso wie ja vielleicht wirklich manchmal bessere fachmänn. Beratung beim Friseur, Optiker, bei Kleidung etc. Ich kenne zudem einige Menschen, denen ein Tipp für bessere Fotos von sich für Partnersuchportale recht schnell half Partner zu finden (nachdem sie teilweise Jahre lang therapeutisch daran gearbeitet hatten, „was mit ihnen nicht stimmt- und sie keinen Partner finden"). Zumal die meisten Menschen Abwechslung mögen. Auch „frischen Wind" in Beziehungen, mal Neues machen, erleben - bzw. überhaupt wieder mehr wirklich Zeit miteinander verbringen. Das muss ja alles nicht teurer aber besser passend sein. Sollte natürlich zum Typ passen, so wie man sein möchte. Aber hier gibt es ja oft gute Tipps von Experten, wie man – wenn man möchte- noch mehr aus sich machen kann. Aber eben gerade so wie man sich selbst mag, gut findet. Da gilt manchmal ja auch „Probieren geht über Studieren". Kann man heute sogar schon kostenlos im Internet virtuell schauen, welche beispielsweise Brille, Frisur usw. einem gut steht. Nur so wird man dann wirklich von sich überzeugt sein können und passende Partner finden können. Wenn man sich äußerlich oder innerlich zu sehr verbiegt, anpasst nicht. Außer dann -wenn überhaupt- nur schlechte, nicht passende, oft ausnutzende oder sogar missbrauchende. Auch „nur" Vertrauen ...

Und in der Tat „manche treten dich, manche lieben dich" (wie es in einem Lied von X. Naidoo heißt). Es gibt leider doch sehr viele dumme, dummdreiste, fiese Menschen. Und selbst G. Clooney und Co. finden nicht alle toll! Egal wie man ist, aussieht usw., eher „Mainstream" oder „Old school", gegen den Strom/Mainstream schwimmend oder was auch immer, eher etwas ausgefallen oder nicht – beides kann ja o. k. sein und interessant machen!- man wird *nie* allen gefallen! Selbst Herrn Clooney oder dergleichen, wen auch immer, finden über 60-70 % aller Menschen nicht so attraktiv. Geschmäcker sind ja zum Glück unterschiedlich. Und ja von Ort zu Ort bzw. Zeit zu Zeit unterschiedlich. Wie viele Menschen litten z. B. daran als „Brillenschlangen" oder „Dicke" verunglimpft zu werden. So etwas kann das Selbstwertgefühl wirklich Jahrzehnte lang prägen, bis hin zu therap. Hilfsbedarf. Übrigens auch Männer weitaus mehr als man denkt. Probleme mit der Figur bzw. Magersucht – eines der häufigsten Todesursachen!- trifft schon immer mehr Jungs bzw. Männer „dank" völlig unsinniger „Schönheitswahns" bzw. eben Dauerstress, „Kummerspeck" usw. Dann kürt ein Modezar auf einmal eine „dicke" Rocksängerin als „Traumfrau", als „in" ... Oder sind plötzlich in ja doch als sehr „hipp" geltenden Städten wie Berlin und New York Brillen völlig „in" ... Und ist Vieles, was als „hipp" gilt zudem ja auch sehr fragwürdig.

Und es gilt in vielen Gegenden – selbst in Berlin und New York- heute eher als „cool" was doch eher gute „Old school" ist. Dass man sich beispielsweise ruhig Zeit lassen kann mit Beziehungen und Sex. Wer das früher haben mag – gut. Aber wer nicht oder wem auch einfach nicht so früh Passendes über den Weg läuft, da spielt oft ja auch wirklich der Zufall eine große Rolle – auch gut! Man muss nicht schon mit 15, 16 zig Beziehungen bzw. Sex gehabt haben. Auch nicht mit 25, 26, 35, ... Viel zu viel Druck da so schnell etwas haben zu müssen, durch Medien oder andere, selbst ungute psycholog. Ratgeber, führt oft auch zu „Erstbesten" Wahl mit o. g. unguten Folgen. Unschönen Erlebnissen, die man verständlicherweise -zumindest erst einmal- kaum wieder erleben will. Angst hat vor Wiederholungen davon. Dass künftige Beziehungen wieder böse enden können, trotz dort wieder anfänglichen „Schmetterlingen im Bauch" ... Da ist doch oft psychologische, manchmal therapeutische, Aufarbeitung ratsam. Sonst kann es zu Traumata führen, die wirklich Beziehungen sehr belasten können, selbst schon „nur" welche eingehen, finden zu können.

Und es geht ja um *Qualität,* nicht Quantität. Und selbst wenn man, wie auch ich, nicht religiös ist heißt das ja noch lange nicht, dass man alle „traditionellen Werte" – die ja ebenso andere humanistische Quellen haben- schlecht finden muss. Wenn Menschen z. B. vor der Ehe, die heute ja, wenn überhaupt, viele Menschen erst mit 30, 40 Jahren eingehen, keinen Sex oder Partner haben möchten – warum nicht. Das ist heute eher unüblich, wohl auch schwer durchzusetzen- aber deshalb ja sogar Anerkennung wert. Oder zumindest Toleranz. Es gibt so viel Perverses auf der Welt, gerade in vermeintlichen „Liebes-Angelegenheiten", worüber sich leider kaum jemand aufregt. Aber es wird unzählig vielen Menschen, teilweise schon mit 20, 30 vorgeworfen „ewige(r) Single" bzw. „Nonne" zu sein? Was ist daran schlimm, solange es für diese Menschen o. k. ist? Und „nicht o. k." bzw. zum Problem wird es eben sehr oft nur, weil *andere* Menschen damit ein Problem haben, das komisch finden, sich darüber mokieren, Druck ausüben …

Was ist aber in Beziehungs-, Liebes-, sex. Fragen „normal"? Vorstellungen der „(19)68er" bis hin zu „wer 2 Mal mit dem Gleichen pennt gehört zum Establishment"? Oder leben wie der Papst? Priester, Pfarrer, Nonne … Oder irgend etwas dazwischen? Aber was denn? Hier gibt es doch unzählig viele unterschiedliche weltanschauliche allgemeine und persönliche Ansichten, Vorstellungen, Vorlieben und selbst von schlauesten Menschen, Wissenschaftlern, Philosophen keine eindeutigen bzw. gleiche Antworten… Und Ansichten ändern sich ja auch mit der Zeit …

Selbst wenn ich durchaus nachvollziehen kann, wenn man Religion bzw. wozu diese gebraucht wird, Kirchen, deren Vertreter kritisch sehen kann- trotzdem ist es doch auch eher aller Ehren wert, wenn jemand sich für ein höheres Ziel für ein „Single-Dasein" entscheidet. Z. B. eben als Nonne. Und dass dem Papst oder Mutter Theresa einmal vorgeworfen wurde „ewiger Single" bzw. „beziehungsunfähig" zu sein habe ich doch noch nicht gehört. Es ist also- das ist wirklich ganz, ganz wichtig-wirklich kein „persönliches Problem". Zu bestimmten Zeiten, in bestimmten Kulturen bzw. Gegenden, Glaubens-Richtungen usw. wäre ja selbst heute nicht „un-normal“, wenn man „mit 20, 30, 40 „immer noch keinen Partner bzw. Sex hatte“. Sondern wenn man diesen dann *schon* bzw. überhaupt hatte! Und das, siehe oben, wirklich nicht nur im Vatikan-Staat. Und es gibt ja zudem ansonsten glückliche (!) Singles oder Menschen, die sich erst einmal selbst finden müssen bzw. wollen, persönlich inklusive beruflich- und das kann man sicher erst mit etwas fortgeschrittenem Alter- bevor sie, zumindest feste, Beziehungen eingehen wollen. Und heute findet man sich ja in der Regel erst später als zu früheren Zeiten. Wo man teilweise mit 14,16 Jahren schon zu arbeiten begann bzw. in Lehre, Ausbildung ging. Da wurde man zwangsläufig natürlich auch i. d. R. früher „erwachsen“ als heute, wo man mit Studium, Ausbildung, im Beruf „ankommen“ ja viel, viel länger beschäftigt ist. Weshalb ja sehr viele Menschen heute mit 30, 40 Jahren Eltern werden, statt wie früher oft schon mit 20 oder noch früher. Deshalb zählt man heute sogar die „Pubertäts-Phase“ bis zum etwa 25. Lebensjahr. Eine Zeit, in der man sich ja erst einmal finden muss. Vorher, „schon“ mit 18, 19, 20, … also kaum schon „sich gefunden“ haben kann, deshalb kaum wissen kann wer zu einem passt. Zumal man ja wirklich oft nur durch Erfahrung, manchmal Schaden klug wird. Und dann weiß, was bzw. wen man will, braucht- und was nicht. Da gehören leider oft schlechte Erfahrungen dazu, das kann völlig normal sein. Auch hier geht Probieren über Studieren, wird man oft erst in der Praxis herausfinden können welchen Typ Frau oder Mann man haben- und selbst sein- möchte… Und dass man selbst noch im hohen Alter sich (nochmals) bzw. erst wirklich „finden“ kann- und dann auch den dazu passenden Partner und mit diesem noch lange Zeit sehr glücklich sein belegt beispielsweise John Izzo in "Die fünf Geheimnisse, die Sie entdecken sollten, bevor Sie sterben". Wie dort auch sogar ein 93-jähriger Maler am Ende des Buches wunderschön beschreibt, aus eigener Erfahrung.

Auch wenn man natürlich normalerweise schon früher glücklich werden und sein Glück finden kann- und das auch sollte. Selbst noch in Interviews mit Sterbenden berichten sehr viele davon, dass einer der besten Wege um glücklich zu werden der ist sich einfach „nur“ die Zeit dafür zu nehmen, das zu erlauben- wozu man auch immer die Wahl habe. Auch wenn das oft nicht einfach ist, auch Arbeit usw. sicherlich wichtig. Aber Freundschaften und deren Pflege, auch Beziehungen zu einem wichtigen Menschen nicht zuletzt in der Familie, sind doch noch wichtiger für Menschen. Und sich hierfür ausreichend Zeit zu nehmen- damit sollte man nie zu spät beginnen. Das erst auf dem Sterbebett, evtl. auch Nahestehender, zu sehen wäre ansonsten wirklich sehr tragisch.

Ansonsten ist man aber im Nachhinein ja fast immer doch erst schlauer und lernt gerade, wie auch größte Sportler und Politiker, Wissenschaftler usw. aus „Misserfolgen" bzw. schlechten Erfahrungen- nicht zuletzt in Beziehungen- sogar am meisten. Weiß dadurch erst wirklich, was man nicht will – bzw. dadurch erst was man will. Wenn man sich davon nicht entmutigen lässt, zu viel Selbstvorwürfe – bzw. Zweifel macht bzw. machen lässt. Ja, oft leichter gesagt als getan- was oft auch Hilfe bedarf. Hätten aber etwa die Herren Vettel und Schuhmacher nach ihren ersten, unzähligen, Misserfolgen, Crashs, aufgegeben und nicht gerade selbst daraus, mithilfe von Coaches, gelernt, Lehren gezogen wären die ja nie *Weltmeister* geworden. Übung macht ja den Meister, Meisterin ... Zudem i. d. R. mit Lehrer bzw. Trainer, Ausbilder, Coach dazu.

Und das ist mithilfe psychologischer Beratung bzw. Paarberatung doch ähnlich. Auch hier kann ja wo es oft „crasht", kracht es vielleicht „nur" daran liegen, dass viele- auch positive- Gefühle im Spiel sind, „Feuer"- die dann aber schneller hochkochen bzw. zeitweise etwas ausbrennen können und alles eskalieren lassen. Paarberatung kann hier fast immer helfen, alleine schon durch einen Blick von außen. Bzw. mit etwas Vermittlung, „Dolmetschen", zumal wir – wie etwa auch bei Lelord schön zu lesen- gerade ja in „Beziehungsfragen" meistens kaum rational „denken" - sondern viel mehr mit „Bauch" und „Herz". Was meistens ja nicht schlecht ist, manchmal aber doch etwas mehr Sachlichkeit hilfreich ist. Auch um berechtigte Gefühle, Bedürfnisse, Wünsche zu achten, was alleine aber selten geht. Bzw. ggf. um zu erkennen, dass man sich doch oft fast immer ähnliche Partner sucht- und warum. Und ob das so gut, optimal ist. Gut ist aber oft auf jeden Fall Trennungen etwas aufzuarbeiten, damit da nichts in neue Beziehungen „geschleppt“ wird, man daraus doch lernen kann für die Zukunft.

Wichtig, oft mithilfe von Beratung, ist zudem zu erkennen was man im Leben und in Beziehungen schon *Gutes* machte, *Erfolge* hatte. Selbst in Beziehungen, wo man das selbst gar nicht so sieht, wo auch immer- in Familie, Schule, Ausbildung, Beruf usw. Was ja jeder Mensch schon hatte! Jeder Mensch gibt und nimmt (von) Mitmenschen ja ständig sehr viel- ohne das würden alle Menschen, die Menschheit aussterben. Man sieht oft viel zu viel nur Fehler, Probleme, Misserfolge. Nicht aber Positives, an dem man ansetzen kann. Um dann so besser, mit daraus gezogenem Selbstbewusstsein bzw. Lehren, auch Probleme in den Griff zu bekommen. Eventuell jeweils mit Unterstützung. Auch hier versetzt der –berechtigte- Glaube an die eigene Kraft Berge. Nur muss man sich eben dieser eigenen Kraft, Stärke erst einmal mehr bewusst werden, oft mit fachmänn. Unterstützung. Zumal wenn man sich gerade nicht so gut, stark, schlau fühlt. Und mit dieser Unterstützung wurden schon unzählige Menschen ihr „ewiges Single-Sein“ oft sehr schnell los. Bzw. ihre Beziehungsprobleme. Und wohl fast keiner von diesen hätte sich das zuvor wirklich jemals so vorstellen können …

[Bild: der „Schiefe Turm von Pisa“. Zuerst geschmäht, mit der Zeit trotz- oder gerade auch wegen? -seiner „Makel“ weltberühmt, geschätzt]

Und wenn es mit viel besseren Single –Party- Angeboten bzw. Tipps dazu oder zu o. g. Punkten an vielen Orten auf einmal viel weniger Singles gab: Waren die Singles da auf einmal nicht mehr „beziehungsunfähig“? Wohl sicher nicht ... Sondern die Umstände, auch schlechte Angebote zuvor das Problem.
Ebenso wie dass Wirtschaftskrisen verursachende Manager bzw. Unternehmer immer reicher werden- während deren Opfer immer mehr verarmen. Wie ja etwa im letzten „Armutsbericht“ Deutschland zu lesen. Natürlich gibt es für Beziehungen und deren Pflege eigentlich Wichtigeres als Materielles. Aber wenn man sich kaum noch Treffen, Kontakt, echte Begegnungen leisten kann mit Freunden, Bekannten oder Partnerschaft-Vermittlungs-Portal-Nutzungen, mal alleine oder miteinander Ausgehen, ggf. auch Babysitter usw. spielt Geld ja schon eine Rolle. Wird das Alles sehr schwer. Auch wenn gerade da Beziehungen, Netzwerke knüpfen wiederum ja sehr helfen kann- etwa zum gegenseitigen Babysitten (-Helfen), damit man doch mal wieder zusammen weggehen kann. Was Gold wert sein kann, auch bei größter Liebe zu seinem Kind braucht man da eben öfters einmal Auszeiten, Zeiten für sich und Partner. Nicht umsonst trennen sich mit die meisten Paare im 1. Jahr nach der Geburt eines Kindes. Um dem zu entgehen sollte man sich wirklich, bei Bedarf professionelle, Hilfe suchen. Und Hilfe sorgfältig suchen, wählen, sich ggf. dafür beraten lassen. Z. B. bei Verbraucherzentralen. Nicht zuletzt zu „Partnervermittlungen“, die ebenso wie viele dubiose Berater leider aus der (Liebes-) Not sogar noch ein Geschäft machen! Dass selbst sehr bekannte Vermittlungsagenturen, auch im Internet, dies tun und mit oft fiesen falschen Versprechungen dokumentierte zuletzt eine Reportage dazu im

ZDF (vom 10. 4. 2013). Vorsicht bitte! Da werden oft viel zu große Hoffnungen gemacht, Erwartungen geschürt – und nur abgezockt.

Es gibt zwar manchmal zu hohe Erwartungen an, in Beziehungen- ausführlich Viorst dazu- woran man dann in Beratung arbeiten kann. Und rein wissenschaftlich betrachtet – ganz, ganz selten, vgl. Zimbardo oder Kapitel II hier dazu- Menschen mit verminderten Fähigkeiten Beziehungen einzugehen. Was daraus aber im „Volksmund“ bzw. irgendwelchen Medien, sogar manchmal recht seriösen, oft gemacht wird, ist sehr oft unseriös, irrsinnig und so unzähligen Menschen großes Leid zufügend! Bzw. diese respektlos behandelnd. Wenn es ja dann Hilfsmöglichkeiten gibt und vor allem es viel mehr an Bedingungen, äußeren Umständen bzw. Ungerechtigkeiten (s. oben) liegt. Auch zu wenig Kita-Plätze für die Mehrheit und dergleichen. In Deutschland können zudem ja selbst „Mittelstand-Familien“ bzw. – Menschen heute sich kaum noch ausreichend genug gesunde Ernährung, Freizeit, Urlaub, Medizin, Bildung, Alters- und andere Vorsorge usw. leisten. Auch „nur“ für sich alleine, mit Kindern umso weniger. Kaum anderswo ist ja zudem Chancen- *Un*gleichheit so groß wie hier, wie ja spätestens seit „PISA-Studien“ bekannt.
Und können sich so “Elitepartner“- Vermittlungen nur Leute mit ziemlich hohem Einkommen leisten. Aber was macht denn besonders gute („Elite“-) Menschen, Partner aus? Viel Geld? Oder doch ja viel mehr guter Charakter, Herz?! Aber sind heute ehrliche Menschen nicht doch eher wirklich oft die Dummen und – wie auch sonst sehr gute, herzliche- eher nicht die, die große Karriere/ „gutes Geld“ machen können (oder wollen?). Und ja gerade dafür, wie durch u. a. PISA-Studien belegt, Herkunft entscheidender ist als Können, Leistung, Begabung und dergleichen. Gerade eben in Deutschland.
Zumal ja schon ein Blick etwa in unser Nachbarland Dänemark reicht um zu sehen, dass anderswo zudem Vieles einfach entspannter, oft toleranter gesehen wird und mehr für Kinder, Eltern, auch „Behinderte“ getan usw. Wenn man dann noch Berichte etwa aus Sydney liest wo vor Grünflächen Schilder stehen wie „Bitte betreten Sie diesen Rasen. Seien Sie ein Teil der Natur“ macht man sich schon Gedanken, ob uns in

Deutschland nicht doch zu großen Teilen der Horizont oft wenig erweitert wird. Wo ja schon traditionell ein Grundstück vom anderen abgegrenzt wird mit Mauern, Zäunen usw. In Häusern und Wohnungen sind dann Zimmer i. d. R. nebeneinander. Statt wie in anderen Ländern, Kulturen oft so (eher im Kreis) angeordnet, dass wenn man dort herauskommt sich sofort in einem (Gemeinschafts-) Raum befindet. Und begegnet, sich automatisch mit anderen trifft. So entstehen eben auch automatisch mehr Gemeinschaftsgefühl, Kontakte, Begegnungen. Und „Übung“ darin. Was ja in Deutschland oft eher zusätzlicher Anstrengungen, Planungen, Übung bzw. Unterstützung dabei erfordert.

Und auch wenn man den Erhalt und Ausbau von sicherlich wichtigen Begegnungsstätten für Senioren und andere Menschen, integrative Einrichtungen, Spielplätze usw. unterstützen sollte, Forderungen danach: Ist es nicht andererseits ein wenig gutes Zeichen, dass es so etwas geben *muss*- statt anderswo viel mehr normaler, natürlicher Begegnungs-, Spiel- u. a. Möglichkeiten? Von vielen „ausländischen“ (alleine solche Begriffe grenzen ja schon aus!) Menschen weiß ich auch wie schwer es ist- sicher nicht nur für Menschen mit „Migrationshintergrund“- in Deutschland Kontakte knüpfen. Wo man halt nicht unbedingt mal einfach so beim Nachbarn klingelt, zum Tee oder Kaffee usw. einlädt. Den Feierabend traditionell fast immer mit Kollegen verbringt usw. In vielen anderen Ländern ist ja zudem üblicher einfach mal vorbeizukommen. Statt extra Termine dafür auszumachen müssen. Vieles spontaner. Natürlich ist anderswo nicht alles besser und man kann es ja mögen und handhaben wie man will. Wichtig ist nur wiederum zu sehen, dass auch deshalb in unserem Land vielen Menschen nicht so von Klein auf gelernt haben Kontakte zu knüpfen bzw. mehr in Beziehungen zu leben, denken. Dies im krassen Gegensatz zu einigen Kulturen oder auch zu früheren Zeiten in Deutschland, wo ja mehrere Generationen unter einem Dach lebten. Auch sich um Kinder kümmern oft eher Gemeinschaftsaufgabe war, Eltern mehr unterstützt. Heute sind „Mehrgenerationen-Häuser“ in Deutschland ja eher die große Ausnahme bzw. nur noch soziale Projekte.

Und wohl in kaum einem anderen Land werden *vorbildlich* sozial denkende und agierende Menschen- von denen es ja auch unzählige,

gerade auch im „Ehrenamts-Weltmeister-Land“ Deutschland gibt, sogar noch so oft als „Gutmenschen“ verspottet. Ist so ein sozialer Mensch aber nicht wirklich etwas Gutes? Oder „Harmoniesucht“ oder dergleichen vorgeworfen. Was spricht denn aber bitte gegen harmonisches Miteinander, dem Wunsch danach? Dann muss man sich ja nicht wundern, wenn viele Menschen mehr Beziehungsprobleme bekommen, wenn das Gute, Harmonische angeblich nicht gut sein soll. Und weil man ja so oft hört, selbst im „sozialen Bereich“, wie wichtig oft „sich abgrenzen“ angeblich ist, zumal in „unserer“ Ellbogengesellschaft ... Man lernt ja auch kaum harmonisches „Miteinander“. Ja, theoretisch schon ... Aber praktisch soll man ja doch dann „Mitbewerber“ im „Kampf“ um Ausbildungs-und Studien, Arbeits-, Kita- Plätze, Wohnungen usw. „ausstechen“?
Zumal sich dann nahezu immer sogar nur noch eigentlich Menschen mit (besonders) vielen *guten* Seiten, innerlich und äußerlich, letztlich

viele Gedanken bzw. Vorwürfe machen. Alleine das, die Fähigkeit zur Selbst-Reflexion und selbstkritischen Gedanken ist ja schon eine – heute leider vielen Menschen nicht gegebene- sehr wichtige, *starke* Fähigkeit. Ehrenwert. Das erfordert ja viel Charakter und Intelligenz. Nur zweifeln diese guten Menschen dann oft leider viel zu viel an sich. Ja, in der Tat: „Das Schlimme an dieser Welt ist, dass die Dummen so selbstsicher sind und die Gescheiten so voller Zweifel“ (B. Russel). In der Tat, dass die wirklich Dummen einmal mehr an sich arbeiten wollen ist z. B. in psycholog. Praxis leider nahezu nie zu sehen ...

Ausbeuter, Ausnutzer, Intriganten, Menschen die dadurch und z. B. Mobbing oder „nur“ übler Nachrede, Niedermachen usw. andere Menschen bzw. Beziehungen bewusst zerstören, auf Kosten anderer leben oder ihren „Spaß“ haben machen sich aber nahezu nie Gedanken, ob nicht eher sie wirklich „beziehungsunfähig“ bzw. -zerstörend, selbst sehr gestört sind, handeln. Asozial. Und „asozial“ hat ja nichts damit zu tun, ob man viel Geld hat- *sondern einen guten bzw. schlechten Charakter!* Aber die eigentlich Guten, charakterlich, intellektuell usw. Besseren geben sich, selbst als Opfer, sogar hier noch oft selbst den „Schwarzen Peter“. Oder bekommen den zugeschoben. Auch im Sinn

einer „sich selbst erfüllenden Prophezeiung“. Denn wenn ich denke, eingeredet bekomme, dass ich nicht so eine gute Partie bzw. „beziehungsunfähig“ bin werde ich natürlich – *deshalb*- Probleme in Beziehungen bekommen (dass aber selbst viele oft als „beziehungsunfähig“ abgestempelte Menschen wie sogenannte „Borderliner“, „Schizophrene“, „geistig Behinderte“ usw. doch, zumindest mit ausreichender Unterstützung, glückliche Beziehungen führen konnten sah ich in der Praxis immer wieder). Und man wird so oft Probleme bekommen überhaupt Beziehungen eingehen, finden zu können. Man wird so dann oft völlig normale, übliche Probleme überbewerten ... Und das geht meistens an vielen wissenschaftl. Erkenntnissen vorbei:
So wurde z. B. erforscht, dass man in der Regel bis zu durchschnittlich ca. 100 intensivere Begegnungen braucht mit dem anderen – bzw. bei Homosexualität gleichen - Geschlecht, bis man auf passende Partner trifft, den findet. Das ist ja eine ganze Menge - zumal es i. d. R. ja nicht – liierte Menschen sein sollten, die an einem interessiert sind ... Also eine, selbst für sehr tolle Menschen, stark begrenzte Anzahl bzw. Auswahl! Man muss in der Regel die Menschen zudem schon zumindest etwas näher kennenlernen- wie im Freundes- oder Kollegenkreis, Vereinen und dergleichen. Das Kennenlernen kann natürlich auf einer Party oder im Internet oder sonst wo, eher flüchtig, geschehen. Wenn man sich danach noch weiter kennenlernt. Nur flüchtige Begegnungen alleine zählen da aber eher nicht mit, bei den etwa 100 nötigen. Natürlich kann man auch „Glückstreffer“ landen, schon sehr schnell im Leben geeignete Partner finden. Das, auch dass das „ewig“ halten kann, gibt es selbst heute noch oft. Die Regel ist das aber nicht, zumal in heute stressigen Zeiten mit wenig Zeit für nicht nur oberflächliche Begegnungen und Beziehungen. Man muss dazu in der Regel schon etwas älter sein, siehe oben- sich ja zudem erst einmal selbst wirklich gefunden haben im Leben – wie will man sonst wissen, wer zu einem auch wirklich passend ist, der passende „Topf-Deckel“?

Und wenn heute Paare in der Regel oft nur 6-7 bzw. höchstens (durchschnittlich, natürlich gibt es auch einige längere- aber auch viele kürzere) bis 12 Jahre zusammen bleiben und Menschen zunehmend älter werden ist ja logisch, dass man i. d. R. mehrere Partnerschaften im Leben hat, braucht. Also viele dabei sind, die nicht die letzte bzw. beste waren, bzw. sich auseinander entwickelten. Oder äußeren Umständen, Stress usw. trotz großer Liebe einfach nicht stand halten können. Also auch mehrere Trennungen dabei sind, bei fast jedem Menschen – das hat ja nichts mit „beziehungsunfähig“ zu tun. Sondern mit unserer Zeit, Umständen heute … Auch wenn eher ungute Entwicklungen ja teilweise Vorteile haben. Mit der Zahl der Trennungen steigt ja immerhin doch die Zahl der Singles, es gibt also zunehmend mehr mögliche Partner, auch mit zunehmendem Alter.

Und es gibt doch zunehmend, zumindest im WWW, mehr Angebote, Foren für Singles, Alleinerziehende, bzw. Selbsthilfegruppen auch nicht zuletzt bei Burn-out mit all seinen Folgen, „Kummerspeck“ bzw. wegen Stress Gewichtsprobleme usw. Und durch all das mehr Betroffene, mit denen man sich auch austauschen kann, gegenseitig Zuspruch und Rat geben, ggf. hier Kontakte knüpfen usw. Und dort sehen kann, dass all das auch andere unzählige tolle Menschen – und natürlich nicht nur, vermeintliche, „Außenseiter“, „Versager“, „Loser“ oder dergleichen trifft. In unserer (ganzen) „Generation Burn-out“! Und ggf. kann man dann gemeinsam Sport etc. machen … Gemeinsam ist man ja stark, stärker, ggf. auch motivierter. „You` ll never walk alone“, das Gefühl nicht allein zu sein und nicht nur alleine von etwas Betroffener, ist für Menschen zudem ja natürlich *sehr* wichtig, hilfreich.

Und es gilt doch oft ja „je oller umso doller“. Es ist bis zuletzt nie aller Tage Abend, in der Tat beginnt ja mit der Gegenwart erst der Rest des Lebens, hat man in der Regel noch lange Zeit und damit viele Möglichkeiten noch vor sich, offen, manchmal - zumindest getreu „Ein Tor ist zugetan doch Tausend sind noch offen, lasst uns hoffen“ (F. Rückert). Menschen bekommen ja zudem heute noch ihre „Midlife-Crisis“ mit etwa 30-50 Jahren oder noch früher, weil da zu früheren Zeiten das Leben wirklich schon oft fast zu Ende war, man durchschnittlich mit 40-50 Jahren starb. Heute hat man in der Regel mit 30-50 ja aber doch noch einige Jahrzehnte vor sich inkl. immer wieder neuer Möglichkeiten. Und wie es in einem Lied von Karat heißt muss man wirklich ja manchmal sogar etwas dunklere Jahre überstehen bis „der helle Schein“ kommt. Auch der für einen geeignete Partner bzw. Mensch mit dem eine gute, schöne Partnerschaft entwickelt werden kann. Man sollte zwar nichts schönreden, auch unschöne Zeiten nicht. Vieles ist oft sicher nicht einfach, schön- aber unverhofft kommt eben wirklich doch (sehr) oft, finden Menschen plötzlich irgendwann doch tolle Partner. Früher oder später.

Unzählige Menschen sagen sich heute aber „jetzt bin ich schon 20, 30 und hab immer noch keinen richtigen Partner gefunden“. Was mache ich nur falsch? Das ist oft nicht schön aber, s. oben, es kann ja völlig normal sein – selbst mit 40 oder „noch älter“. Und besser spät als nie, viele Menschen finden wirklich erst recht spät ihr Glück, Traumprinzen bzw. – Prinzessin ... Manchmal mit 50, 60, 70 ... Weil man ja sich selbst evtl. erst dann wirklich, ganz „gefunden“ hat. Nur wirklich schlimm wird es, wenn man sich dann zu viele Gedanken oder Vorwürfe, dadurch Druck macht zuvor bzw. diese bekommt, oft von Menschen aus älteren Generationen ... Früher war aber Vieles ja doch ganz, ganz anders. Da hielten Partnerschaften i. d. R. länger, war man früher darin und im Beruf, es trennten sich weniger Menschen, galt noch mehr „bis dass der Tod euch scheidet“! Auch wenn das ja beiweiten nicht immer zutraf oder besser war, teilweise nur früherem Tod als heute geschuldet war. Heute kommen ja glücklicherweise öfters Probleme zum Vorschein als früher. Auch in Ehen, wo erst jetzt z. B. Vergewaltigungen als Straftaten anerkannt werden. Aber auch in anderen privaten und teilweise berufl. Beziehungen, Verhältnissen. Selbst in vermeintlichen „Traum-Ehen“ wie beispielsweise neulich bei den van der Vaarts usw.
Gerade Frauen spüren zudem schon recht früh die „biologische Uhr“ ticken, manchmal ja verständlich - oft aber auch viel zu früh. Aber es kann ja nicht schaden, sich schon in früheren Jahren Hilfe zu suchen bei „Selbsterfahrung“ – wer bin ich eigentlich, wohin will ich eigentlich usw., was in unserer „Risikogesellschaft“ nicht einfach ist– Weiteres bei Interesse auch bei Rauschenbach dazu. Was, mit auch viel weniger „zweifellosen“, etwa religiösen, Werten wie früher, eben auch einfach zunehmend ein Problem bzw. Thema ist. Wenn das immer weniger Menschen wirklich alleine wissen, wissen können. Oder man manchmal

auch die „Qual der Wahl hat“, was aber wirklich doch eine Qual sein kann. Im Rahmen einer psychologischen Beratung kann aber hieran gearbeitet werden. Evtl. wiederholt, denn in unserer Zeit muss man sich ja oft wiederholt wieder „neu finden“. Auch „nur“ in neuen Lebensabschnitten oder wenn man endlich einmal wieder dazu kommt bzw. sich Zeit dazu nimmt. Und Krisen, trotz aller auch unschöner Seiten, haben -mit Unterstützung dabei- ja auch Chancen. Wenn man sie nutzt um eben dann, nicht zuletzt, zu überlegen wie man sein Leben künftig gestalten kann, ggf. besser als zuvor … Also noch mehr dazu, zu sich finden …

Wenn überhaupt wirklich etwas im Weg steht um Beziehungen eingehen zu können, dann hat das aber ja seinen guten Grund. Der aber fast nie „in einem selbst“ liegt. Sondern von anderen verursacht bzw. verschuldet wurde. Natürlich kann man ja in einer wenig offenen und ehrlichen Gesellschaft grundsätzlich schwer glauben, dass andere es ehrlich, gut mit einem meinen. Wo auch, in Experimenten erforscht, Menschen in der Regel mindestens bis 200 Mal oder noch öfters pro Tag lügen. Wenn auch meistens gut gemeint oder unbewusst, unabsichtlich. Und wo ja selbst führende Politiker trotz eindeutigen Beweisen etwa ihres Abschreibens bei Doktorarbeiten das voller Inbrunst öffentlich bestreiten, bis es wirklich überhaupt nicht mehr geht. Als nicht gute Vorbilder. Oft ja gerade auch in Beziehungen nicht.

Zumal wenn man in früheren Beziehungen, manchmal vielleicht wirklich schon in der Kindheit oder eben mit Ex-Partnern oder von Verwandten, Freunden, Kollegen usw. schon enttäuscht, belogen, betrogen, ausgenutzt wurde. Vielleicht zudem als Opfer von Mobbing oder schweren Verlusten usw. Und wer hatte noch nie irgend eine von solchen Erfahrungen? Da ist etwas Misstrauen ja verständlich und gesundes Misstrauen bzw. Vorsicht ja sicher grundsätzlich nie verkehrt!

Und natürlich, wenn man sehr ungute Erfahrungen in der Kindheit oder danach gemacht hat, mit anderen Menschen -bzw. mit dem Verlust wichtiger Menschen- ist schwer wieder Vertrauen zu Mitmenschen zu haben. Und sind Verlustängste verständlich. Ebenso wenn man bisher Verluste noch nie so hatte, kannte- dann hat man natürlich Angst vor dem 1. Mal. Allerdings ist eben selbst in extremen Fällen möglich damit, wenn auch nicht leicht, umzugehen. Entscheidend dabei ist allerdings- das wird heute psychologisch bei fast allen Problemen so gesehen- welche Unterstützung man dabei bekommt- last not least Verständnis. Gerade dann von (potenziellen) Partnern und i. d. R. auch profess. Hilfe. Dann, wie auch Furman gut belegt, ist das aber nicht unüberwindbar.

Auch wenn man kaum gute Beziehungen vorgelebt bekam in der Familie weiß man zudem andererseits dann ja aber gut, wie Beziehungen lieber nicht sein sollten. Und kann mit Hilfe auch daraus viel lernen. Und gerade dann gute Beziehungen, auch mit Kindern, haben. Probleme dabei wieder Beziehungen zu haben liegen auch nahezu immer „nur" an zu wenig bzw. zu schlechter Unterstützung! Das und Weiteres dazu ist z. B., selbst bei sehr extremen Fällen, belegt bei Ursulas Enders „Handbuch gegen sexuellen Missbrauch - zart war ich bitter wars" – auch sonst sehr interessant und mit vielen Tipps und Mut Machendem-wie auf S. 170ff. dort: „Viele betroffene Mädchen und Jungen, denen geglaubt wird und die Hilfe bei der (therapeutischen) Aufarbeitung ihrer Erfahrungen erhalten, entwickeln sich zu sehr selbstbewussten Kindern und Jugendlichen" . Aber eben nur *wenn* denen (möglichst!) früher oder später geglaubt wird…*Mit* Hilfe! Dies gilt ebenso bei „Bindungsstörungen" (s. Kapitel II).

Viel zu oft werden aber Menschen, auch was denen möglich ist oder nicht, beurteilt als ob ihr Schicksal- bzw. was das „Schicksal aus ihnen machte" – mehr oder weniger determiniert (vorbestimmt) wären. Unabänderlich und egal, was sonst so um sie herum bzw. mit ihnen passiert oder nicht. Auch wie viel – bzw. wenig – Unterstützung sie bekommen oder nicht. Trotz nicht zuletzt allen o. g. PISA-Studien zum Trotz. Aber selbst aus den besten „Anlagen" kann ja ohne Förderung nichts werden. Und selbst nicht so gute „Anlagen", auch genetisch usw., können mit besserer Förderung sich besser –bzw. überhaupt- entwickeln. So wie es wiederum der Verfasser eines Standardwerkes, Lehrbuches an deutschen Universitäten, „Psychologie", P. G. Zimbardo, völlig zu Recht klarstellt (auf S. 588 dort): „Der Diagnostiker sollte stärker als bisher erkennen, dass der Mensch, den er durch eine Diagnose beschreibt (…) in seinem aktuellen Handeln und Erleben genauso durch die derzeitige Lebenssituation beeinflusst wird wie durch „überdauernde“ Merkmale“. Das bedeutet aber auch, dass bei anderen, besseren Umständen – auch besserer Hilfe nach schlimmen Erlebnissen mit anderen Menschen, Beziehungen- natürlich noch „viel mehr“ werden kann aus Menschen, auch in Beziehungen. So konnten selbst, wie auch bei Furman belegt, Menschen mit schlimmsten Erlebnissen (auch in Beziehungen) wieder sehr glücklich werden, unter anderem in Beziehungen, mit ausreichend Hilfe – und gutem, auch verständnisvollem, sensiblen, Partner. Wo dann wirklich gilt, dass „eine neue Liebe wie ein neues Leben“ ist, sein kann.

Und wie sehr gute Förderung (oder schlechte bzw. keine) entscheidend sein kann- was ja gerade Pädagogen, Therapeuten aber auch Politiker, Verantwortliche bei Ämtern, Chefs usw. beachten müssten- für das „Schicksal“ von Menschen zeigt ja z. B. der nun mehrmalige Rekord-„Weltfußballer“ (und Millionär) L. Messi. Er war in seiner Jugend ein sehr schwächliches Kind, wurde gehänselt ... Wäre ohne entsprechende Förderung, auch medizinische und längere medikamentöse, wohl in einer „Sonderschule“ bzw. auf der Straße gelandet. Wie heute weltweit sicher auch völlig unnötig Milliarden (!) weitere Menschen. Und vielleicht auch (nicht glücklicher) Single … Er landete ja aber mit etwas Glück in der anerkanntermaßen besten „Talent-Schmiede“ im Fußball, des FC Barcelona, weltweit … Wurde dort gefördert, medizinisch und psychologisch unterstützt … Und wurde so, dort Weltbester … und „Frauenschwarm“. Mit den gleichen „Genen“ wie zuvor … Die also letztlich nicht das Entscheidende sein können- sondern eben viel mehr die Güte der Förderung oder nicht- Förderung, Unterstützung der Umwelt. Inklusive eben evtl. psychologischer, therapeutischer bzw. medizinischer, pädagogischer usw. Bzw. „nur“ mit weniger Vorurteilen, Benachteiligungen.

Heute kommt aber ein toller Mensch nach dem anderen in psychologische Beratung. Oft schon mit 20-25 Jahren oder noch früher. Mit vielleicht schon der einen oder anderen kurzen, manchmal sogar etwas längeren, Beziehung hinter sich. Und hält sich für „beziehungsunfähig“. Es hätte ja schon oft nicht geklappt, das muss doch an ihr, ihm liegen – nein, nein, nein! Siehe oben ... Sie, er muss nur länger suchen, vielleicht nur einfach älter werden. Mehr (Lebens-) Erfahrung sammeln, ggf. mehr auswerten, Lehren daraus ziehen, evtl. mehr Unterstützung bei all dem bekommen.

Dass man oft an die Falschen gerät – und es gibt halt doch einfach leider viele unpassende und –neben Milliarden tollen- auch sehr viele dumme, fiese Menschen – kann, s. oben, *sehr oft* passieren. Gerade bei Männern, die heute ja oft erst einmal länger zu sich selbst finden müssen, denn ja, „wann ist ein Mann ein Mann?“. Man(n) soll sensibel, sanft sein und stark gleichzeitig usw. Gar nicht so einfach, oft kaum möglich ... Natürlich ist es aber auch für Frauen nicht einfach. Auch die leiden heute oft unter zu hohen bzw. unklaren Erwartungen, Druck usw.

Zumal wenn man sich in jungen Jahren selbst noch nicht so gefunden hat, logischerweise – da man dazu heute eben oft kaum Unterstützung erhält und mehr Zeit braucht- dann aber natürlich noch nicht so wissen kann wer zu einem wirklich passt, einem gut tut, in welche Richtung man eigentlich will, welche Wege im Leben gehen. Denn wie soll man aber sonst, vorher wissen, wer wirklich der passende „Wegbegleiter“ ist?

Emanzipation schön und gut. „Ihren“ Weg kennen trotzdem sehr viele Frauen (und Männer) heute noch nicht. Zumal es ja doch noch ja sehr viele Herkunfts- bzw. auch Geschlechts-bedingte Grenzen dafür gibt. Nicht nur aber auch für beruflichen Erfolg, was ja das Leben insgesamt sehr beeinflussen kann. Wie ja auch in o. g. Studien belegt! Und gerade hier geht „Probieren geht über studieren“. Ob jemand, wer wirklich zu einem passt zeigt letztlich zudem meistens erst die Praxis. Bzw. die Praxis mit mehreren Menschen. „Wer passt zu mir“ ist ja nicht nur theoretisch, am Schreibtisch alleine zu klären. Man muss das probieren, meistens in mehreren Beziehungen, was natürlich Jahre oder insgesamt Jahrzehnte dauern kann. Und glücklicherweise hat ja heute noch nicht jeder 20 – jährige schon zig „Beziehungen“ hinter sich, wie es oft vermittelt wird. Zumindest keine Längeren ... Und Facebook- und dergleichen Freunde, „Beziehungen“, sind ja doch noch etwas anderes ... Aber dann kommt schon eine nach der anderen 18 jährige, wirklich extrem tolle, intelligente junge Frau -oder Mann- in Beratung bzw. Therapie. Wegen beruflich nötigen Umzügen ihrer Eltern musste sie zig mal die Schule und Stadt wechseln. Hatte also gar nicht so Zeit zum Aufbau bzw. Knüpfen, Finden, „Erproben" langer Beziehungen, Freundeskreise usw. In denen man dann auch besser Partner finden kann. Wurde zudem- oder deshalb-, auch von vielen geneidet als tolle junge Frau, schon Opfer üblen Mobbings ... Sogar durch scheinbar „Freunde". Wundert sich aber, dass sie Probleme hat anderen Menschen vertrauen zu können ... Unglaublich. Das ist ja natürlich heute, s. oben, schon normalerweise völlig nachvollziehbar, selbst schon ohne diese besonderen Erfahrungen bzw. Enttäuschungen. Aber damit natürlich umso mehr. Wie ja aber schon gesagt: Die Guten werden nicht „nur" eben gerade Opfer von Mobbing, Burn-out usw., sondern suchen dann sogar noch Schuld an, in sich ... Bzw. es wird ihnen, wie auch o. g. Menschen, eingeredet. Auch noch, wenn Beziehungen scheitern. Dabei liegt das gerade dann meistens daran, dass die bisherigen Partner oder Freunde oder Umstände einfach nicht gut, günstig genug waren!

Gute, tolle Menschen sehen sich zudem aber meistens als gar nicht so toll. Wirklich extrem schöne Menschen kommen in Beratung und finden sich hässlich ... Unglaublich, bei den Ersten fühlte ich mich da wirklich fast auf den Arm genommen ... Aber ja doch erklärbar. Ihre Eltern, bisherige Partner usw. dachten beispielsweise, dass sie oder er doch offensichtlich bildhübsch ist. Das müsse man ihr, ihm nicht auch noch sagen. Dann hört sie, er es aber fast nie – und weiß das nicht. Wird man dann in Cafés, auf Partys usw. nicht angesprochen. Und von Kollegen, Bekannten, Geschwistern bekommt man ja doch nicht unbedingt viele Komplimente. So denkt man dann, dass man halt nicht so toll ist – nein! Andere denken nur, dass so eine tolle Frau bzw. Mann doch 100%ig schon vergeben sein muss, spricht die deshalb nicht an ... Oder denkt sich „die, der ist doch ne ganz andre Liga", interessiert sich bestimmt nicht für mich ... Traut sich das gar nicht, spricht „lieber" andere an. Die eigentlich (noch) tollere, schönere Person – selbst wenn das ja auch Geschmacksache ist – sieht das aber und denkt „was hat die/der, was ich nicht habe". Sieht sich also als „schlechter" bzw. „hässlicher" – zu Unrecht! Die oder der Andere hat dann eher „weniger", nicht „mehr"!

Und auch ansonsten fallen die Guten ja meistens nicht so auf. Weil sie Gutes einfach tun bzw. haben, bescheiden sind ... Ihr Gutes also oft gar nicht so auffällt. Und andere Leute oft auffälliger sind, die ständig darüber reden was sie Gutes tun, haben. Obwohl das oft eigentlich viel weniger ist!

Außerdem sind die vielleicht braun gebrannt, erholt, immer fit und gut drauf ... Was Menschen, die härter arbeiten – auch für die Familie oder ehrenamtlich – und dadurch auch gestresster sind halt oft nicht sind. Sind die dann aber eigentlich weniger gut, attraktiv? Sicher nicht. Der Schein trügt da wirklich oft so oder so, auch schlaue Menschen fallen da doch oft auf Äußerlichkeiten herein. Ja, Irren ist wirklich halt menschlich und so etwas zu durchschauen ja nicht so einfach. Zumal das dann ja oft sogar noch ins andere Extrem geht. Denn dass gut Aussehende, braun gebrannte usw. Menschen schlechte sind – das muss natürlich wiederum doch nicht sein. Es gibt natürlich auch z. B. dumme Blondinen – aber natürlich noch sehr viel mehr sehr intelligente. Und „solche und solche" mit diesen oder anderen Haarfarben, Hautfarben, Berufen, Herkunft usw.

Es ist sicher in Maßen gut sich zu hinterfragen, selbstkritisch zu sein ... Aber wo nötig bitte auch nicht den kritischen Blick und gesundes Misstrauen, Vorsicht *auch bei anderen Menschen* vergessen, gerade auch – s. oben – bei so fit, gut drauf oder braun gebrannten Typen, nett klingend usw. Das sind oft wirklich nicht immer die „Guten"! Natürlich können ehrenwerte und wirklich herzliche Menschen ebenfalls fit, gut drauf, wunderschön, braun gebrannt und nett klingend sein. Aber bitte schauen Sie da immer genau hin, so oder so. Gerade wenn man beziehungsmäßig etwas „ausgedürstet" ist kann man natürlich leicht auf mehr „Schein als Sein" bzw. „Fata Morgana" hereinfallen. Zumal Liebe bzw. Verliebtsein ja bekanntlich auch immer wieder blind machen kann. Wie auch wiederholt wissenschaftlich bestätigt- *es schalten dann wirklich einige Bereiche des Gehirns ab, vom Emotionalem wie im Drogen-Rausch sein ganz zu schweigen.*

Und lassen Sie sich nie zum „Wurm“ machen. *Das ist kein Mensch.* Außer vielleicht solche, erbärmlichen, die wirklich andere Menschen bewusst ausnutzen, unterdrücken, die Mobbing und dergleichen oder sonstige üble Nachrede begehen. Von denen es auf der Welt leider doch sehr viele, Millionen, gibt. Wirklich Unkraut ... Ja: Every rose has it`s dorn, selbst Menschen mit etwas „Dornen“, die ja jeder hat, können aller-tollste sein! Aber manchmal steckt wirklich doch ein Kaktus dahinter- bewusst pieksende, stichelnde, fiese Machenschaften und Menschen. Da die doch leider so zahlreich und oft schwer zu durchschauen sind- selbst sogar Missbrauchs-Täter sind ja oft nach Außen hin „ehrenwerte“ Menschen- ist also wirklich leicht da an „den Falschen“ -oder die Falsche, die Falschen- zu geraten. Sogar in Partnerschaften. Zumal die üblen sich natürlich bewusst tolle Menschen suchen – die also viel zu bieten bzw. auszunutzen haben! Und gerade ungute Menschen möchten sich eben mit guten, schönen und herzlichen Partnern „schmücken“. Gerade gute, tolle, attraktive Menschen ziehen also viele ungute Menschen an – Gute, die das „Ungute“ aber oft schwer erkennen können. Weil sie gar nicht so ungut, fies, ausnutzend denken und fühlen können. Und sich selbst – leider- ja oft gar nicht so toll sehen, wie sie es sind …

Und viele tolle Menschen bekamen aus diversen, nicht zuletzt oben genannten, Gründen noch nicht so viele Komplimente- sind dafür eben dann sehr empfänglich, selbst von weniger guten Menschen. Ungutes, das denen ja aber nicht auf der Nase geschrieben steht. Passen Sie also gut auf sich bzw., zumal Ihnen wichtige, Mitmenschen auf! Und sagen Sie sich bzw. denen bitte oft deren tollen Seiten- auch damit Sie/die nicht denken sie wären hässliche, dumme Würmer, die nur „ihresgleichen“ verdient haben ...

Wenn die oder Sie bisher wenig oder eher viele „ungute“ Freunde und, vielleicht auch geschäftliche, Partner bzw. Gegner gefunden haben kann das aber also sogar eher eine Auszeichnung sein: Dass die, Sie ein toller Mensch sind, der viel zu bieten – bzw. nehmen - hat! „Viel Feind, viel Ehr …“. Aus u. a. den genannten Gründen. Trotzdem kann natürlich gerade dann Beratung sinnvoll sein, damit man sich das künftig ersparen kann. Auch viel Enttäuschungen und Leid. Bzw. damit man sich und

seine Bedürfnisse und Wünsche in einer künftigen bzw. bestehenden Beziehung besser, selbstbewusster einbringen bzw. schützen kann, ggf. auch mehr einfordern. Viele wirklich tolle Menschen haben Angst, dass sie sehr viele Kompromisse – oft viel zu viel – in Beziehungen, auch beruflichen bzw. geschäftlichen, eingehen müssen. Weil sie sonst ja *ohne Partner bzw. Arbeit wären ... Selbst das kann aber manchmal besser sein als in einer schlechten, quälenden – bis hin zu, zumindest schleichend oder innerlich, tödlichen - Beziehung oder Tätigkeit.* Und wenn diese tollen Menschen sich bewusster werden wie toll sie eigentlich sind werden sie dann sicher auch bessere Partner (bzw. Jobs) finden, ihresgleichen, also auch sehr tolle- zumindest Partner! Oft dauert das leider, s. oben, etwas länger. Manchmal aber doch recht schnell. Und manchmal ist längere Zeit „solo“ ganz gut zum erst mal sich selbst (wieder) „finden“ – als Grundlage um nur so ja dann den oder die Richtige, „Deckel“, finden zu können ... Auch sozusagen zur besseren „Zielgruppen- Definition“ also.
Gerade großartige Menschen machen sich aber leider oft viel kleiner als sie sind. Bzw. denken, dass sie „hipper“ werden müssen, vielleicht weniger ruhig ... Aber ist immer so wichtig, richtig, immer mehr „aufzudrehen“, lauter und schriller zu werden? Oder in unserer „Generation Burn-out“ , wie es der Focus einmal nannte, nicht eher besser wieder „runter“ zu kommen, zu *ent*-schleunigen? Statt immer mehr Gas zu geben, weg von „back to the roots“ -bzw. sich selbst? Einfach mehr Natürlichkeit äußerlich und innerlich? Das ist sicher nichts Schlechtes, Langweiliges ...
Aber selbst wenn man etwas „extravagant“ ist bzw. sein mag, etwas ausgefallen, aus dem Rahmen fallend ... Muss das schlecht sein? Das waren Menschen wie Einstein und Mozart ja auch nicht. Beide aber wurden angefeindet, beiden viele „Macken“ nur von Neidern angedichtet ... Man kann ja auch positiv (!) aus dem Rahmen fallen, etwas Besonderes sein ... Und sich dafür sicher nicht schämen! Deutschland ist leider in weiten Teilen ein hier noch viel zu spießiges, wenig tolerantes Land. Wo endlich viel mehr „jeder nach seiner Facon“ gelten sollte, solange man sich oder anderen nicht damit schadet- warum nicht?

Man muss jedenfalls sich nicht kleiner machen als man ist, dankbar sein, dass man überhaupt Beziehungen, Partnerschaft "haben darf"! Sondern muss sich dann zu Recht sagen (lassen, ggf. auch in einer Beratung), dass man großartig ist, zauberhaft- wie gesagt: *„Jeder Mensch trägt einen Zauber im Gesicht, der irgend jemand gefällt"* (F. Hebbel).

Aber unzählige Menschen, wirklich sogar *sehr* bezaubernd und zauberhaft, sieht man im Alltag nahezu nicht. Weil sie sich als „dummes, hässliches Entlein" sehen und kaum noch (her)aus gehen bzw. nur noch ziemlich vermummt bzw. verstummt- leider, wenn doch nachvollziehbar. Denn würde ich mich als absolut dumm und hässlich fühlen würde ich das wohl ebenso tun, ebenso wie fast jeder andere Mensch sicher auch. Solche Menschen, die dann in Beratung sitzen und -selbst wenn sie nicht so „gut drauf" sind- eine oft kaum fassbar sympathische, herzliche Ausstrahlung haben zweifeln dann total an sich, wegen irgendwelchen (vermeintlichen) „Makeln"! Die- wenn es überhaupt welche sind- doch wirklich jeder Mensch hat... So dann natürlich aber oft recht verzweifelt ...

Als ich einmal in Berlin an einer sehr langen Schlange von Menschen vorbeilief, die Karten für eine angesagte „Single-Party" kaufen wollten, dachte ich auch „boah, was für tolle, schöne Menschen". Ausnahmslos! Aber fast alle davon hielten sich wahrscheinlich für weniger toll, hatten sich schon oft gefragt „was mache ich falsch, was machen oder haben andere Leute- Nicht-Singles- besser?". Obwohl wie gesagt in Berlin nun etwa jede/r Zweite alleine wohnt oder lebt... Macht dann jede/r zweite Mensch etwas falsch, hat „weniger" als die Anderen? Nein!

Aber aller- Tollste bzw. –schönste Menschen sieht man wohl selbst auf Single-Partys meistens nicht. Weil die, wie dann auch viele davon in Beratung erzählen, sich für so dumm, hässlich, Außenseiter,... fühlen, dass sie sich dahin gar nicht mehr trauen. Unglaublich aber leider wahr. Ich denke inzwischen wirklich oft, dass sich eine nach der anderen solcher Personen auch verlaufen hat, eigentlich zu „Deutschlands next Super-Modell/Star" oder dergleichen wollte, sollte... Da auch noch viel besser aussehend als so manche „Barbie- Püppchen", die sonst dort zu sehen sind. Auf die die meisten erwachsenen Menschen ja gar nicht stehen. Aber nein. Sie kommen mit großen Selbstwertzweifeln, meistens auch an Äußerem in psycholog. Beratung- und das leider oft erst nach langer Zeit des Leidens. Wirklich ähnlich wie „Magersüchtige“- wo davon Betroffene ja selbst völlig abgemagert im Spiegel sich selbst immer noch als „dick und fett“ sehen. Und andere Menschen mit, objektiv betrachtet und eigentlich ganz offensichtlich, viel mehr Kilos auf den Rippen als viel dünner. In beiden Fällen bedarf das dann in der Regel wirklich psychologische bzw. therapeutische Unterstützung- mit natürlich viel Respekt, Verständnis, Wertschätzung natürlich gerade bei solchen Problemen. Mangelnde Anerkennung, Wertschätzung, Verständnis zuvor ist ja meistens ein Hauptgrund, Ursache für solche Problematik.

Oder manchmal doch „zu viel des Guten“ davon: Bekommen Menschen zu oft „Yes, you can“ – man hat s voll drauf und kann alles meistern- erzählt ist dann natürlich brutal zu erleben, wenn man einmal „verliert“ oder etwas verliert, „scheitert“, nicht schafft im Leben. Z. B. in Beziehungen- was ja jedem Menschen früher oder später, immer wieder, natürlich passiert. Davon kann ja schon nach einer Amtszeit, die ihn auch sichtlich ergrauen ließ – wohl auch Stress -bedingt, selbst ein Mr. „Yes you can“ Obama ein Liedchen singen… Nachdem er schon viele Niederlagen einstecken musste, wie ja jeder Mensch in irgendeiner Beziehung immer wieder. Man kann nicht immer gewinnen, Milliarden Erdenbürger können nicht immer alle erste Plätze überall erreichen. In der Tat: „you can’t always get what you want“! Das ist nicht schön. Allerdings stimmt wirklich in der Tat auch D. Bonhoeffers „Es gibt ein erfülltes Leben trotz vieler unerfüllter Wünsche“.

Und man ist natürlich im Recht, wenn man- selbst voller Wunder und Zauber, zauber-und wundervoll, einzigartig- auch eine großartige, zauberhafte Partnerschaft und großartigen Partner möchte, der einen auch so toll sieht und behandelt. Auch positiv, gut- zumal, ja, „Wer an das Gute im Menschen glaubt bewirkt das Gute im Menschen“ (J. Paul). Zumal nur so sich Menschen wie „Raupen“, dann ja voll entfalten, auch ihre ganze Schönheit zeigen können- wie eben etwa ein wunderschöner, wundervoller- voller Wunder- Schmetterling …

Und wenn der, die (potenzielle) Partner(in) das nicht will oder kann ist es einfach wirklich nicht der, die Richtige ... Nicht für einen *gut genug.* Oder bekam die Person oder Beziehung ggf. nur noch nicht genug gute Unterstützung dafür. Dazu, dieser Einsicht und das durchzusetzen, bedarf man aber doch oft psychologischer Beratung.

Zudem: Gerade hier gibt es oft eklatante Missverständnisse, wenn ein Partner den anderen beispielsweise (nur) „klein" macht weil er sich selbst „klein" fühlt. Oder klein gemacht, von wem oder was auch immer! Vor einer Trennung in solchen Fällen sollte man sich deshalb doch wirklich lieber immer beraten lassen. Und das bitte auch sonst bei (alleine) unüberbrückbar scheinenden Hindernissen, Steinen – denn wie eben schon Goethe wusste: Auch aus im Weg liegenden Steinen kann man ja Brücken bauen ... Auch wenn man dazu „Brückenbauer"-Hilfe (bzw. Berater) brauchen kann.

Und last, not least sind es in der Regel *überzogene Selbstzweifel*, die das eigentliche Problem sind. Hier gilt dann tatsächlich *„Gesegnet sind die, die uns vor der Selbstverachtung heilen. Unter all den Diensten am Menschen kenne ich keinen kostbareren"* (W. White).

So fühlen sich nicht zuletzt viele Menschen aufgrund ihrer sozialen, familiären oder sonstigen Herkunft – zu Unrecht!- als nicht so toll. Es kommen gerade mit solchen Problemen aber besonders viele (besonders) tolle Menschen in Beratung bzw. Therapie, manchmal sogar Psychiatrie. Wie auch schon der berühmte Schweizer Psychiater L. Ciompi in seinem Buch „Affektlogik" beschrieb. Die mit der zu harten, kalten Umwelt heute dann besonders viele Probleme bekommen. Wo ja zudem nicht gerade immer die besten, fähigsten, sozialsten, herzlichsten Menschen Karriere machen. Oft ja leider eher im Gegenteil.

Andererseits muss aber ja natürlich doch nicht jeder Mensch „besserer Herkunft" – ebenso wie anderer, oder „nur" Haupt- oder Sonderschüler- oder „BWLer" (oder Techniker usw.) „karrieregeil", doof, gefühlskalt sein. Wie viele davon sogar selbst denken, dass sie es sind- oder auch wegen ihrer Eltern usw.

Problem ist da eher nur, dass man das selbst von sich denkt- oder dass Männer, die so etwas studieren oft höchstens 10 % weibl. Mitstudentinnen haben, was Partner-Findung dort für sie sicher schwerer macht. Als vielleicht in meinen Studien-Gängen wie Psychologie, Pädagogik und dergleichen- mit oft über 80 % Frauen. Wo es wiederum dann Frauen schwerer hatten.

Und überhaupt wird in Deutschland unsinnigerweise Erfolg bzw. „guter Mensch" sein ja oft viel zu sehr mit „Karriere" und Partner (haben) verbunden („mein Haus, meine Jacht,.."?). Mit enormen Druck, der oft zu unguten Kreisläufen, Teufelskreisen führt, mit „Erst- Besten" (?), siehe oben. In anderen Ländern, Kulturen hingegen wird dies viel mehr mit *Charakter* verbunden. Was ja wirklich mehr zählen sollte. Oder ist Mutter Theresa ein schlechterer Mensch da ohne Partner und viel Geld, nicht auf große Karriere bedacht, sondern „nur" Mitmenschen helfend? Und das kann man natürlich ebenso als „nur" Arbeitsloser, Rentner, Hausfrau usw. Und man tat, tut es schon- auch seinen Kindern,

Verwandten, Freunden usw. Man bekommt oft nur zu wenig Wertschätzung dafür. Sogar in ehrenamtlichen Tätigkeiten, wo man aber auch Leute kennen lernen kann und spüren, was man alles zu bieten hat!

Dass man genauso glücklich und erfolgreich wie andere Menschen sein kann, wenn man eine ungute Vergangenheit hat belegt im Übrigen auch Ben Furmann in seinem sehr anerkannten Werk „Es ist nie zu spät eine glückliche Kindheit zu haben“- mit vielen dies bestätigenden Beispielen und Untersuchungen dort. Es ist also nie zu spät, auch nicht den richtigen Partner zu finden, selbst wenn das immer Unterstützung bedürfen kann. Gerade bei eigentlich tollen Menschen, die aber besonders Unterstützung gebrauchen können aus o. g. Gründen. Jemand der halt nicht nur „nach mir die Sintflut“-mäßig durch die Welt läuft, sondern sich –zum Glück- doch noch mehr Gedanken um die Menschen, die Welt macht hat es heute sicher nicht einfach, ist mit viel Not und Leid auf der Welt konfrontiert. Nicht nur (evtl.) eigenem, sondern dann ja auch noch dem anderer Menschen beschäftigt, zumindest gedanklich. Das kann natürlich zu noch mehr Stress, ggf. auch „Kummerspeck“ und dergl. deshalb, ggf. sogar Depressionen führen. Und somit äußerlich „weniger attraktiv“ -hierzulande, in anderen Kulturen gelten „dicke Menschen“ oft ja eher als Ideal, selbst „Schizophrene“ als Heilige bzw. Medizinmänner, Heilende usw.
Aber dann muss man ja solche besonders gute Menschen doch viel mehr unterstützen, ihnen auch Sorgen bzw. Stress (ab)nehmen. Bzw. etwas tun gegen Menschen, die andere ausnutzen, für sich arbeiten lassen und während dessen stressfrei sich in der Sonne bräunen, ausruhen, dann auch relaxter und ggf. „attraktiver“ aussehen.
Und man muss wohl oft an eigenen Oberflächlichkeiten arbeiten, Menschen eben viel weniger oberflächlich beurteilen- *andere aber bitte auch sich selbst. Dann wird man doch mehr tolle Menschen finden, nicht zuletzt in seinem Spiegelbild… Und Beziehungen eingehen können.*
Und selbst schwerst behinderte, körperlich entstellte Menschen konnten ja Partner finden, mit Hilfen auch Kinder bekommen, glücklich werden. Und ja trotzdem auch- dass sollte bei der „Beurteilung“ von Menschen

ja letztlich entscheidend sein-ein gutes Herz haben können … Siehe auch das hier später noch Folgende (im Kapitel III ff.) dazu.
Last, not least ist Wertschätzendes ja zudem alles andere als verkehrt, wenn man Beziehungen pflegen möchte. Zumal man dann i. d. R. auch mehr davon zurück bekommt. Auch um solche eingehen, finden zu können.
Selbst bei „Erstkontakten“ und auch Flirten ist das übrigens, zumindest nach Meinung von Coaches dafür, der beste Weg um ins Gespräch, Kontakt zu kommen. Auch ohne große oder überhaupt (viele) Worte. Was ja natürlich nicht leicht fällt. Wem fällt schon leicht über große Gefühle zu reden? Selbst einem Goethe ja nicht. Der schrieb dann ja lieber darüber. Oder auch jemand Fremden anzusprechen, den man toll findet… Es reicht aber einfach ein freundlicher Gesichtsausdruck. Mehr macht ja oft Angst. Es steht ja auch (potenziell) viel auf dem Spiel. Sich dann bewusst zu machen, dass Schüchternheit bzw. Angst verständlich ist – aber trotz allem es keine lebensbedrohende Situation ist- hilft i. d. R. auch. Um dann vielleicht sogar wirklich ins Gespräch zu kommen. Und hier ist ein ernst gemeintes, aufrichtiges, wenn auch dezentes - und natürlich nicht zu „billiges“- Kompliment wohl der beste Einstieg. Oder halt ein freundliches „Hallo!“ und warten, ob eine Antwort, ggf. ja mehr als „Hallo“ zurück kommt, sich ein Gespräch entwickelt.
Auch hier macht aber wohl Übung, die da fast jedermann braucht, den Meister, ggf. mit Experten/Coaches hierfür. Im Gegensatz zu psycholog./ ärztlichen Themen, die dann dementsprechender Hilfe bedürfen …

II. „Beziehungsstörungen"

In relativ seltenen Fällen kann es zu tatsächlichen „Beziehungsstörungen" bzw. „Bindungsstörungen" kommen. Aber eben *behandelbaren* Störungen- *nicht „Unfähigkeiten"!* Die dann aber auch wirklich fachmänn. Hilfe benötigen. Um dies abzuklären und sich dort bei Bedarf, ggf. auch therap., Hilfe zu suchen sollte deshalb ein (Fach-) Arzt aufgesucht werden, wenn so etwas zu vermuten ist oder befürchtet wird.
Allerdings betrifft dies in der Regal eher Kindesalter. Und sind ansonsten Ursachen für „Beziehungsprobleme", zumindest bei Jugendlichen und Erwachsenen, letztlich fast immer in der Regel in zuvor (I.) genannten Aspekten zu finden. Wird ansonsten oft zu viel in Vieles hinein interpretiert. Dieses Kapitel betrifft nur ziemlich extreme Fälle. Sicherheitshalber, zur in der Regel nur „Entwarnung" - dass das nicht zutrifft- bzw. vorsorglich, ist aber auch deshalb der Gang zum Fachmann/Fachfrau empfehlenswert. Weiteres kann gerade dazu nur vor Ort konkret besprochen bzw. untersucht werden.
Deshalb weise ich hier nur allgemein darauf hin, Jegliches ins Detail gehen könnte hier fehl leiten. Zumal Vieles noch nicht unumstritten ist hierzu- gerade in medizinischen und psychologischen Fragen gibt es auch immer wieder neue Erkenntnisse und Anschauungen. Was ich hier heute schreibe könnte später, wenn Sie dies nun lesen, also schon wieder wissenschaftlich etwas überholt sein.
Nur zur ersten Information kann man sich hierzu beim Artikel auf „Wikipedia" weiter informieren, da dies dort auch ständig überarbeitet wird, zu „Beziehungsstörungen"
[Quelle: http://de.wikipedia.org/wiki/Beziehungsunf%C3%A4higkeit].

Aber aus bereits genannten Gründen sollte man bitte sowieso lieber gleich zu einem Arzt seines Vertrauens gehen und mit dem alle Sorgen und Fragen besprechen. Dieser kann bei Bedarf, auch zur weiteren Abklärung, dann ja auch zu anderen Experten überweisen.

- In der Regel werden solche Störungen zudem auch ohnehin bei Routine-Untersuchungen von Kinder- und ggf. auch Schulärzten erkannt. Diese sprechen dann Empfehlungen für weitere fachärztliche Untersuchungen aus.

Nach der sogenannten „ICD -10“, einem weltweit gebräuchlichem Diagnoseklassifikationssystem der Medizin (herausgegeben von der WHO) handelt es sich in der Regel um sogenannte „Reaktive Bindungsstörung des Kindesalters“, als "gehemmte Form", (ICD-10 F94.1) bzw. um eine „Bindungsstörung des Kindesalters mit Enthemmung“, auch „ungehemmte Form“ (ICD-10 F94.2).

- Für die Diagnose "Bindungsstörung" müssen andere Störungen ausgeschlossen sein. So zum Beispiel psychosoziale Probleme als Folge von Misshandlung oder Autismus, kognitive Behinderung usw. Auch dies können aber nur wirkliche, oben genannte, Experten hierfür tun.

III. Mahnende und positive Beispiele: „Clown", „Rütli", Spießer

Ratschläge von Ärzten, Therapeuten, Psychologischen Beratern, Pädagogen und anderer Menschen können wirklich sehr hilfreich sein. Manchmal allerdings auch, selbst wenn gut gemeint, „erschlagen" bzw. in die Irre führen, noch mehr verunsichern und erst wirklich Probleme schaffen. Ja, man sollte natürlich bei Problemen helfen. Aber bitte gut, richtig, angemessen, respektvoll, ganzheitlich, nachhaltig. Das muss auch nicht lange dauern. Wie folgende viel aussagende Beispiele aus der Praxis zeigen sollen, die schon sehr vielen anderen Menschen sehr wichtige Erkenntnisse, Denkanstöße brachten. Wo auch (scheinbar) „Makelhaftes" in nochmals anderem Licht erscheinen kann.

A.)

Eine junge Frau leidet daran, dass ihr Vater Straßenmusiker ist. Das gilt als „total asozial" in ihrer Klasse, ganzen- einer kleinen- Stadt. Wo man heute oft ja auch etwa Homosexualität weiterhin als „nicht normal" ansieht, ebenso wie an anderen Orten- Vergewaltigung in der Ehe und dergleichen aber vielleicht manchmal schon …
Sie wurde dort jedenfalls fast überall, auch in der Schule, gehänselt ... Hatte kaum (wirkliche) Freunde. Und landete in Therapie. Jahre lang. Kaum hilfreich. Sie brauchte deshalb Medikamente gegen Depressionen, ist hin und her gerissen- denn eigentlich liebt sie ihren auch sonst für sie tollen und lieben Papa und seine Musik, das gilt ja aber als "bäh"... Sie ziehen letztlich um, in eine große Stadt, alternativen Stadtteil dort. Dort gelten Straßenmusikanten als Künstler. Das Mädchen wird bewundert für ihren Vater, ist happy ... Braucht nie wieder Medikamente. Ihre letzten schickt sie an ihre alte Klasse – inklusive dem Lehrer dort - mit einer Karte "IHR seid krank, asozial,

Spießer"! Sie ist heute übrigens glücklich liiert, auch beruflich erfolgreich. Auch die Beziehung zu ihrem Vater nach wie vor super …

Natürlich gibt es Menschen, die zu Unrecht als „Spießer“ bezeichnet werden. Oft nur weil sie irgendetwas „altmodischer“ denken oder tun. Das muss ja aber nicht schlechter sein, evtl. ist es ja sogar besser oder hat zumindest genauso seine Berechtigung, genauso wie Moderneres. Es geht ja auch wirklich nie um „alt oder jung“ sondern „gut oder schlecht“ bzw. passend oder nicht, zumal „Die meisten Menschen leben mehr nach der Mode als nach der Vernunft“ (Novalis).
Dadurch, dass ich in verschiedenen Städten arbeite bzw. gearbeitet und gelebt habe lerne ich aber immer wieder, dass Deutschland doch noch auf bzw. in vielen Gebieten sehr wenig liberal, tolerant, oft schon noch sehr „spießig“ ist, zumindest in einigen Kreisen, auch in fast allen Orten und Städten. Trotz sicherlich unzähliger, zig Millionen sehr toleranter, toller Menschen. Nach einer repräsentativen Umfrage der sogenannten „Anti-Diskriminierungsstelle“ des Bundes zu "Diskriminierung im Alltag" in den letzten Jahren geht beispielsweise aber hervor: Jeder – sage und schreibe - dritte (!) Einwohner in Deutschland hat sich bereits wegen eines der im „Antidiskriminierungs-Gesetz“ genannten Merkmale diskriminiert gefühlt! Und dieses Gesetz umfasst sicher noch nicht einmal alle tatsächlich vorhandenen und weiterhin möglichen Diskriminierungen, Stigmatisierungen usw., die noch mehr Menschen betreffen. Hinzu kommt demnach, dass Menschen häufig nicht „nur“ aufgrund eines dieser Merkmale benachteiligt werden, sondern sogar wegen kombinierter Merkmale- wie „jung und weiblich", "älter und behindert" oder "ausländisch und muslimisch“. Dazu kommen weitere unzählige Stigmatisierungen, Vorurteile, ... Oft ja noch geschürt durch ungute Bücher, Berichte usw. Und natürlich so nicht gerade Beziehungs- fördernd, nicht zuletzt etwa mit „ausländischen“ - auch das ja schon alleine ein diffamierendes Wort- Menschen.
Und dass oft ein Umzug – ggf. auch nur in eine andere Klasse, Abteilung usw. - bei angeblich persönlichen (also „in der Person liegenden“) Problemen schlagartig helfen kann sehe ich ständig in der

Praxis. Auch um bessere bzw. überhaupt gute, wirkliche Freunde finden zu können. *Durch Ändern des Umfeldes bzw. der Umstände.*
Nicht nur für viele homosexuelle Menschen, die auch in Berlin doch oft noch sehr anders leben können, mit ja homosex. „Oberbürgermeister", als an vielen anderen Orten. Wo also auch wiederum klar wird, dass keinesfalls immer Probleme nur oder alleine in einem Menschen allein zu suchen sind, oft sogar überhaupt nicht. Sondern mehr oder nur in der Umwelt begründet.
Zumal ja nicht nur „Körper und Geist" eine Einheit bilden, auch für das persönliche Empfinden, Zufriedenheit. Sondern zudem die Einheit- bzw. Nicht-Einheit- mit der *Umwelt, dem Umfeld.*
Mit dieser Erkenntnis muss man als Lösung dann ja nicht unbedingt umziehen. Auch wenn, s. oben, oft ein kleiner Wechsel der Gruppe, Klasse, Abteilung usw., ggf. auch Beziehung oder kl. Änderung bzw. Aussprache dort sehr helfen kann, ggf. dann mit Unterstützung dazu.
Man kann aber natürlich jedenfalls eine ganz andere Haltung bekommen auch in seinem Selbstwertgefühl und Selbstbewusstsein- wenn man sich selbst, alleine, weniger oder gar nicht als das „Problem" sieht. Und so – unheimlich Kraft fressende - Selbstvorwürfe ablegen und auch viele neue Kräfte, Selbstwertgefühl gewinnen. Und gute neue bzw. überhaupt richtige, bessere Bekannte, Freunde gewinnen. Als sich dann auch selbst als guten, starken Typ, Menschen erkennend- mit völlig berechtigten Ansichten, Bedürfnissen, völlig im Recht usw. Was zudem hilfreich gegen „Burn-out" und Mobbing oder dergleichen sein kann. Bzw. gegen Andere, die sich als so toll bzw. im Recht, besser bzw. als etwas „Besseres" fühlen ... Man kann sich dann mehr, bessere Gleichgesinnte suchen, die einen besser verstehen und würdigen können, auch mit gegenseitiger Unterstützung. So ein neues, anderes Umfeld ist sehr oft von entscheidender Bedeutung, natürlich auch für „Beziehungsfragen". Wo man neben mehr Kontakten – und ggf. Partner- mehr Wertschätzung statt Vorwürfe bekommen kann – auch wiederum nicht zuletzt gegen Burn-out bzw. auch dummes Angemache bis hin zu Mobbing ja ganz entscheidend wichtig! In einem Umfeld, das die Bedürfnisse, Fähigkeiten, Wünsche und Träume von Menschen, Lebewesen verkennt können diese aber natürlich nicht soweit kommen und glücklich werden

wie es eigentlich möglich wäre! Und diverse Studien ergaben sogar, dass wohl die meisten Sterbenden heute vor allem bereuen „nicht mein Leben gelebt zu haben"! Übrigens neben „zu viel gearbeitet" und „zu wenig Zeit in Beziehungen" (zu Freunden usw.) investiert zu haben … Und nicht zuletzt darin auch einfach „nur" glücklich zu werden …

Und schlechtes Umfeld selbst in Schulen, Kitas und anderen Einrichtungen – auch sogar Kinderheimen oder therap. Einrichtungen, aber auch Arbeitsplätzen usw. - kann heute wirklich oft depressiv, aggressiv, unruhig machen, so natürlich nicht gerade Beziehungen fördernd und zufrieden machend! Auch sogar Lehrer und schon Schüler. Dagegen „auffällig" zu werden ist auch gutes Recht, verständlich ...

B.)

Das Beispiel der Berliner Rütli- Schule zeigte ja aber auch, dass Proteste gegen schlechte Zustände durchaus Erfolg haben können. Wo mehr gutes Personal auf einmal bessere Schüler- Leistungen, weniger Gewalt, „Verhaltensauffälligkeiten" usw. brachte!
Obwohl es die gleichen Schüler waren, die dann eben „nur" besser gefördert werden konnten. Und *auf einmal nicht mehr „Problemschüler" waren und die Lehrer auf einmal nicht mehr überforderte*, nur angeblich wenig geeignete! Auch weil sie dann endlich besser unterstützt wurden bei einem alles andere als einfachen Job. Die „Verhaltensauffälligkeiten" und viele „Beziehungsprobleme" zuvor der Schüler und vieler Lehrer waren dort – wie bei auch sonst Millionen anderen Menschen – letztlich *gesunder Protest, Verhalten gegen unzumutbare, auch Fähigkeiten einengende usw. Verhältnisse!* Und auch das ein Beispiel, das sehr mahnen sollte gegen Problem- Suche (nur) in den Personen, Menschen- statt schlechten Bedingungen inklusive zu wenigen bzw. schlechten Förderungen, Unterstützungen, Hilfen. Nicht zuletzt gegen solche Stigmatisierungen,

Diskriminierungen, Vorurteile. Last, not least ja um viel mehr seine Stärken, Wünsche, Träume usw. zu entwickeln ...

C.) Das „Clown“- Beispiel

Ein Mann, 35, kommt zu einem Therapeuten - in dem Fall Ihnen - und erzählt, dass er schon bei 10 Therapeuten war zuvor, 20 Jahre (!) in Therapie insgesamt. Keiner konnte ihm helfen bei seinem Problem, dass er schon seit Schulzeiten immer der Clown war. Der Pausenclown in der Schule, in der Ausbildung, im Beruf. Seit der Ausbildung fühlt er sich nicht mehr wohl aber keiner der Therapeuten, zu denen er auch oft geschickt wurde, konnte helfen. Selbst Kliniken, Ärzte, Medikamente nicht. An deren Nebenwirkungen leidet er auch zunehmend. Was würden Sie mit diesem Mann tun?

1.) Nochmals Verhaltens-/Anpassungsübungen, Medikamente, ... Auch noch Medikamente für die Nebenwirkungen, ... Was wohl – leider – der Regel- Fall sein dürfte.
2.) Ihn zum 1. Mal in seinen Leben fragen, ob ihm seine Ausbildung / Beruf überhaupt Spaß macht oder er nicht vielleicht lieber etwas machen will, was auch mehr seinem Clown- Talent bzw. darin zum Ausdruck Kommendem entspricht?
Dieses Beispiel sollte grundsätzlich zum Nachdenken anregen. Was auch schon für viele Menschen in meiner Praxis sehr hilfreich war ...
Im Alter von 35 Jahren gab er seinen nie geliebten Beruf auf, wurde tatsächlich- zunächst nebenberuflich und später, da sehr erfolgreich und gefeiert, hauptberuflich Clown. Er brauchte nie wieder Medikamente und war dann sicher viel glücklicher als viele Therapeuten zuvor, die sein "Problem" behandeln wollten. Und solche Geschichten gibt es in zig Varianten sehr, sehr erschreckend, oft. Wo völlig, wenn vielleicht auch nicht ganz so offensichtlich, an Zielen, Träumen, Bedürfnissen – nach denen erschreckend oft nicht einmal gefragt wird, manchmal bis

ins hohe Alter nicht - hinweg beraten bzw. sogar therapiert wird. Wenn Menschen sogar auch ihren Weg in irgendeiner Form schon ausleben - aber dafür eben nur von anderen Menschen zu wenig Verständnis finden. Denn, worauf beispielsweise Erich Fromm hingewiesen hat (in seinem Buch „Authentisch leben“, S. 78 ff.): Menschen verwenden ihre ganze Energie darauf das zu bekommen, was sie (erreichen) wollen. Wie er auch dort anführt wissen die meisten Menschen aber heute gar nicht, was sie wirklich wollen. Bzw. selbst wenn es bekannt ist wird das zumindest nicht gefördert. Also kann ihre Energie so nicht optimal Ziel gerichtet eingesetzt werden und viel zu viel verbrennt eben, bis hin zum Burn-out, Depressionen usw. Ohne das zu klären kann ja aber also auch eine Beratung oder Therapie nicht optimal zum Erfolg, Ziel - ggf. einer guten Beziehung/Partnerschaft- führen!
Wo auch manchmal etwas zum Problem gemacht wird womit die Menschen eigentlich gar nicht so ein Problem haben (müssten), wenn man einfach normal, anständig damit umgehen würde. Also eher nur der Umgang (der anderen) damit das Problem ist. Wie mit Homosexualität oder „Behinderten“ – wo ja auch gilt „man ist nicht behindert, man *wird* behindert“! Oder Menschen, die einfach etwas anders, besonders sind im Gegensatz zur sonstigen Gesellschaft. Was ja aber nichts Schlechtes sein muss oder dass die schlechter sein müssen als die anderen – oft im Gegenteil, auch *wunder*bar statt „sonderbar“. Auch oft „Paradiesvögel“ - aber ist etwas „Paradiesisches“ schlecht? Wurde aus vermeintlichen „Außenseitern“ wie Einstein, Mozart, Picasso usw. nichts? Die sich auch gegen zig Anfeindungen und Widerstände, Neider durchsetzen mussten, selbst von Lehrern? Von denen wohl noch heute viele Einstein eine 4 selbst in seinen Paradedisziplinen geben würden. Oder ihm vorwerfen, dass er vielleicht nicht so gut malen konnte… Oder dass Picasso und Mozart vielleicht nicht so gut in Mathe und Physik waren… Oh oh…

Der „Clown“ brauchte übrigens dann nur noch etwas Hilfe, Rat. Bezüglich seiner Sorge, dass er dann ja aber immer lustig und gut drauf sein müsste, wenn er „nur noch Clown“ sein würde. Da half aber auch einfach die Tatsache, dass ja natürlich auch Clowns- wie alle anderen

Menschen- nicht immer nur gut drauf und lustig sein müssen, ja selbst bei ihrem Auftritt nicht. Und sie ja zudem eine extrem wichtige, hilfreiche Eigenschaft haben bzw. vorleben: Dass sie über ihre eigenen Schwächen, Fehler, Dummheiten lachen können. Was sie ja auch zu so starken und sympathischen Typen macht ... Das kann man aber natürlich nur, wenn man ansonsten genug Applaus, Wertschätzung bekommt und nicht zu viel von anderen nur an seinen Fehlern gemessen wird. Was natürlich auch am Umfeld liegt.
Vieles was etwa in Köln oder Berlin in der Regel als positiv „crazy“ bzw. „jeck“ gesehen würde, zumindest viel toleranter, führt in anderen Regionen ja sogar eher zu „unbedingtem (?) Therapiebedarf“...

Jedenfalls: Falls Sie sich oben für 1.) entschieden haben, zumindest nun: Denken Sie, dass es auch in Ihrem Leben, als einzelne Person oder Paar, Familie, Gruppe ggf. besser wäre einen ganz oder zumindest etwas anderen Weg zu gehen, zumindest in irgendeinem Bereich – oder etwas in einer anderen Form tun sollten. Oder Ihren derzeitigen Weg eigentlich auch viel überzeugter, selbstbewusster gehen könnten? Und schlechte und lange Beratung/ Therapie Sie sogar an bestmöglicher "Selbstverwirklichung" hindern könnte? Es muss dann ja nicht gleich ein Wechsel des Berufes oder was auch immer erfolgen. Aber zumindest etwas mehr von dem, was man eigentlich möchte, verwirklicht werden?

Damit dann auch zunehmend im Leben mehr das Gefühl da ist „je ne regrette rien“ bzw. „ I did it *my way*“.

Auch damit man mehr „Feuer“, Energie und Freude bekommt bzw. die Energie besser, in passendere Bahnen lenken kann – und so auch weniger ausbrennen? Als Mensch bzw. auch Beziehung... Das ist zumindest mit guter Hilfe immer zumindest etwas möglich. Natürlich auch mit psychologischer Beratung – wenn diese dabei hilft (statt selbst noch „auszubrennen“, bremst- vorbei an Wünschen und Bedürfnissen).

IV. (Positives) Beispiel – Mobbing/ Burn-out Überlebende

" `Ich wünschte, ich hätte den Mut gehabt, mein eigenes Leben zu leben`- das bedauern fast alle Menschen. Es gibt so viele Menschen, die durchs Leben gehen und die meiste Zeit Dinge tun, von denen sie glauben, dass andere sie von ihnen erwarten."

Bronnie Ware (frei übersetzt- aus "The Top Five Regrets of the Dying")

Mobbing und Burn-out ist hier im weiteren Sinn gemeint. Denn selbst „nur“ Hänseleien über Äußeres oder sex. Vorlieben (auch Homosexualität oder Sonstiges) können Menschen natürlich äußerst verletzen und für Beziehungen bzw. Bedürfnisse ausleben bzw. Probleme damit relevant sein. Ebenso wie „nur“ Burn-out in Form von „nur“ ständigem erschöpft, ggf. gereizt usw. sein kann natürlich Menschen und Beziehungen- bzw. deren Pflege- sehr belasten. Und das ist, im Gegensatz zu zuvor (Kapitel II.) Beschriebenem, leider heute ein wirkliches Massen- Phänomen, Problem!

Von, zumindest in diesem weiteren Sinne, Burn-out und Mobbing - das gibt es heute z. B. schon wirklich in zumindest jeder 2. Schulklasse! - ist heute aber ja fast jede Person und Familie betroffen. Dutzende Millionen Menschen. Der „Focus“ titelte bereits 2011 so eben auch sogar schon mit „Generation Burn-out". Tendenz zunehmend! Laut einer Untersuchung der TK und dem F.A.Z.-Institut (zitiert in der „TK aktuell" 3/2012), empfinden heute bereits „Acht von zehn Personen ihr Leben als stressig. Jeder dritte Befragte steht unter Dauerdruck und jeder Fünfte leidet bereits unter gesundheitlichen Stressfolgen wie Schlafstörungen". Alles natürlich nicht gerade gesund, zufrieden machend und Kraft gebend - auch nicht für Beziehungen bzw. deren Pflege oder Suche. Trotzdem fühlen sich die meisten Opfer von Burn-out und Mobbing- was auch oft zusammen auftritt- als Außenseiter, Versager, schlechte oder schwache Menschen. Sehr oft auch in ihren Beziehungen, auch für Freunde, Partner, Verwandte, ggf. auch Kollegen usw. Was ja zudem nicht gerade (sich) attraktiv (fühlend) macht. Das ist aber falsch und fatal, kann sogar tödlich enden. Und bedarf auch Unterstützung. Kostenlose Möglichkeiten auch dafür finden Sie in der Anlage bzw. bei einem Arzt Ihres Vertrauens.

Deutschland ist auch hier bisher zu großen Teilen alles andere als vorbildlich, muss noch viel dazu lernen- auch von anderen Ländern. Wo Menschen, auch bei der Arbeit, viel besser geschützt werden vor Stress- und mehr Unterstützung dafür finden. Etwa mit mehr und besserer Supervision- und so nicht so viel „mit nach Hause nehmen" müssen an ja beruflichen, *nicht „persönlichen*" Problemen.

Unterstützung im „Großen" wie im – für Betroffene aber äußerst bedeutend- „Kleinen"! Wozu auch immer wieder viele Menschen, auch Betroffene, aufrufen. Beispielsweise in der „Hamburger Morgenpost" vom 1. 9. 2012, am (wenn dort eher zufällig) „Antikriegstag" also – und liest man da die vielen Berichte von Betroffenen von Mobbing und deren Angehörigen durch sieht man wirklich, dass das brutaler Krieg gegen deren Seelen ist. Ebenso wie „Burn-out" – was nach Mobbing zudem oft noch folgt.

Opfer „von der 1. Klasse an". Ja, in der Grundschule- oder noch früher! Laut einer Forsa- Umfrage (2012) wird heute bereits jedes 8. (!) Kind in Deutschland gemobbt, auch mittels des Internets. Also in sehr – auch Vertrauen in sich oder andere Menschen- prägenden (bzw. ggf. auch dann zerstörenden) Jahren.

Und, so erklärt dort eine Betroffene: „Kein Mobbing-Opfer wird je vergessen, was ihm angetan wurde“- sagt sie heute, 40 Jahre (!) nach den Taten. Denn ja, in der Tat: Die Zeit ist eine mächtige Meisterin, heilt einige Wunden – aber meistens ja doch nur, wenn sie zumindest etwas versorgt wurden! Das gilt natürlich gerade für seelischen – aber auch psychosomatischen, körperlichen - Schmerz durch z. B. Mobbing oder Burn-out. Gerade in Deutschland verbreiteter Unfug wie „Was uns nicht umbringt ... „ oder „Indianer kennen keinen Schmerz“ (was natürlich völliger Unsinn ist!) verhindern aber oft, dass sich schwer Leidende- oder auch „nur etwas“ Leidende, was ohne Unterstützung aber auch mit der Zeit eskalieren kann- Hilfe suchen, nicht zuletzt eines Arztes oder Psychotherapeuten.
Wie sehr nötig das sein kann beschreibt aber eines der o. g. Mobbing-Opfer: „Ich habe drei Selbstmordversuche hinter mir, bin seit einem Jahr in Therapie“. Richtige Hilfe empfand von den dort beschriebenen Betoffenen kaum jemand (zumindest nicht von außerhalb der Familie). Wie etwa eine Mutter bezüglich der Peinigerin ihres Kindes, die im wahrsten Sinne der „das Leben zur Hölle machte“ berichtet: „Von der Schulleitung bekam das Mädchen ein „Du, du, du- das darfst du nicht“ zu hören. Das war s. Meine elfjährige Tochter weiß jetzt ganz genau, was eine `Nutte` und `fette Prostituierte` ist. Sie denkt sie wäre hässlich, dumm und fett“. Selbstzweifel, die ohne fachmänn. Hilfe nicht selten viele Jahrzehnte anhalten, auch Leben lang! Deshalb kommt ja auch eine wunderschöne, sehr kluge und gar nicht „fette“ (wenn überhaupt mit, nach so Erfahrungen ja verständlichem, „Kummerspeck“) Person nach der anderen in Therapie. Oder mit Magersucht oder dergleichen. Vom Neid, Missgunst anderer zerfressen sozusagen …

Auch gerade schönste, tollste Menschen. Und das oben waren eher noch die einigermaßen zitierbaren Beispiele, ohne dass einem noch mehr schlecht wird ... Was da mit Menschen gemacht wird ist wirklich zum … Und abscheulich, widerlich, pervers, ein wahnsinniges Verbrechen. Ein heute 31 jähriger berichtet so dort zudem von brutalem Mobbing inkl. Hänseleien, Körperverletzungen usw. vor ca. 20 Jahren: „Die Täter agieren nicht alleine und decken sich gegenseitig. Die Lehrer haben dann immer den anderen geglaubt und dachten ich spinne und alles sei nur ausgedacht (...). Obwohl ich das Opfer war, wurde ich zum Schuldigen erklärt". Gerade das, diese Verdrehung – aber auch andere beschriebene Abläufe – hat sich bis heute, wie viele andere unzählige Beispiele nicht nur dort zeigen, kaum geändert! Auch bei anderen wahren Verbrechen, Ausnutzungen und Ausbeutungen von Menschen. So fühlen sich unzählige Menschen völlig zu Unrecht als dumm, faul, schlecht, „zu nichts in der Lage"...

Zumal nach auch noch mit immer noch mehr Verdrehen der Rollen bzw. Tatsachen, der Opfer und Täter zuvor- wie er, das Opfer, auch beschreibt: „Mir wurde angelastet ich sei faul und schlösse mich aus der Klassengemeinschaft aus". Tja – wohl auch „beziehungsunfähig"? *Nein*- und warum verhält man sich wohl so, bei ja dann berechtigter extremer Angst vor Mitschülern, Tätern, Schule? Ohne ausreichend oder nur etwas Unterstützung, Schutz ... Zig Tausende, Millionen Deutsche – und ganz sicher nicht die „Schlechtesten" (von ihrer Leistungsfähigkeit und Persönlichkeit) bekommen so große Probleme, ausgenutzt und überfordert, ausgebrannt schon in der Schule und somit im Leben bzw. Beruf – wenn sie dann überhaupt noch einen finden. Auch wenn besagter Mann dies trotz allem tat – auch als positives Beispiel. Ebenso wie es Millionen andere Menschen gab, die mit geeigneter Hilfe Mobbing und Burn-out überstanden haben.

Er nannte sogar noch andere Länder als bessere Beispiele für mehr Unterstützung. Die sich ja zudem eher andere Leute- Schul-bzw. Geschäftsleitungen und andere Verantwortliche, auch Politiker, überlegen müssten: „In England zum Beispiel gibt es Guardian Angels – Ehrenamtliche, die an Schulen Präsenz zeigen, auf Opfer zugehen und helfen. So etwas sollte auch bei uns eingeführt werden". Dass aber hier und generell bei diesem Thema- oder bei Arbeitsschutz (auch bei psych. Belastungen, gegen Stress usw.) bei Weitem nicht nur Bürger in die Pflicht genommen werden müssen ist klar. Es geht hier gerade um Verantwortung von Politik, Wirtschaft, auch Behörden, Ministerien und anderen Verantwortlichen.

Ebenso wie bei „Burn-out". Auch hier ist es ja nicht so, dass die Menschen sich heute Probleme bzw. Stress „machen". Man hat faktisch, siehe oben, heute in der Regel einfach viel zu viel Stress – und damit auch viele Probleme, auch in Beziehungen bzw. beim Pflegen und Finden derselben!

Ein weiterer Garant für Burn-out, auch in und von Beziehungen, sind zudem neben diesem objektiven Stress zu hohe Erwartungen, Ansprüche – von anderen Menschen (bzw. auch „Tugenden“ – selbst heute oft noch „preußische“), dann oft aber auch noch selbst übernommene. Auch dass man (immer) ein „starker Mann“ bzw. Frau – oder Partner, Mutter, Vater, Freund usw. - sein muss. Das kann natürlich kein Mensch. Nobody is perfect, man kann natürlich nicht immer stark sein, gewinnen oder frei von Schwächen, Ängsten und Zweifeln sein, immer „funktionieren“. Wir sind ja – zum Glück- keine gefühllosen Maschinen, Roboter!

Und „schwache Menschen“ gibt es nicht – viele schwachsinnige, überfordernde Umstände, Bedingungen im Alltag und Beruf und überhöhte Erwartungen, Forderungen an Menschen aber durchaus!

Das trifft natürlich wiederum gerade besonders fleißige, ehrenwerte, sozial, kollegial eingestellte Menschen- eigentlich solche mit sehr guten Tugenden. Denen fällt es dann aber schwerer „nein“ zu sagen. Ein wahres – aber oft nicht leichtes - Zauberwort gegen Burn-out und auch Mobbing, gegen überfordernde bzw. schlechte Umstände, Anforderungen, Menschen, schlechte Bekannte, „Freunde“ usw.

Weil sie sehr hohe – oft auch soziale – Ansprüche an sich haben. Ja aller Ehren wert. Nur eben leider auch gut auszunutzen, zu überfordern. Zumal wenn man immer nur mit „besonderen“ Leistungen zufrieden ist, sein soll. Heute ist es ja aber normalerweise schon alleine eine ungeheuere positive Leistung „nur“ zu überleben, den Alltag zu überstehen! Es ist unbedingt, existenziell nötig das nicht nur als „Selbstverständliches“ zu sehen. Das als nicht „selbstverständlich“ zu sehen kann Leben und Beziehungen retten, viel positiver sehen lassen! Denn wenn man das gar nicht mitrechnet bei dem, was man alltäglich

leisten muss, leistet, übersteht wird man seine verbleibenden Kräfte für „Sonstiges“ (besondere, außergewöhnliche Leistungen, Anstrengungen) völlig überschätzen und damit diese, sich ruinieren!
Sich zudem zu wenig Ruhe- und Erholungszeiten und Unterstützungen einplanen ... Bzw. diese nie ruhigen Gewissens genießen, nutzen, auch mit anderen Menschen. *Was wirklich tödlich enden kann, auch schon bei jüngeren Menschen- und auch Beziehungen*! Ebenso wie zu wenig das Positive an sich zu sehen. Wenn heute durchschnittlich in Beziehungen div. Art (auch privat, nicht „nur“ im Job) etwa 10-14 Kritiken nur ein Kompliment, Lob, Anerkennendes entgegensteht ist kein Wunder, dass es uns heute so oft an Wertschätzung fehlt für uns- als mit hauptsächlicher Grund für Burn-out, auch von Beziehungen!

Zudem, wirklich: *Nobody* is perfect. Und der zu große Wunsch bzw. Druck nach Perfektion kann Menschen- oder Beziehungen, auch durch schöne aber leider unrealistische Erwartungen von „blindem Verständnis“ oder „man kann pausenlos füreinander da sein“, wirklich auch völlig ausbrennen – von sich viel zu viel fordern (lassen)!
Aber auch der stärkste Motor bzw. Körper, Geist brennt bei ständiger Überforderung aus. Ein Feuerwehrmann, der ständig und pausenlos für andere da sein müsste würde sehr schnell selbst ausbrennen ... Dann kann man aber auch nicht mehr so für Mitmenschen da sein, wie man es gerne möchte. In der Tat, wie es sinngemäß in einem Lied X. Naidoos heißt, gilt es dann erst einmal sein eigenes Leben zu retten, retten lassen – bevor man sich wieder (mehr) um andere Menschen kümmern kann! Das gilt heute auch sehr oft für sehr viele Menschen.
Und es allen recht zu machen wollen auch in allen Ehren: Aber das geht nicht, sollte man auch nicht, zumal fiesen und ausnutzenden Menschen nicht – und perfekte Menschen sind auch nicht erstrebenswert. Das Beste geben (bzw., auch von sich, verlangen) – gut. Aber bitte nur das *Menschen*mögliche! Und eben auch auf seine, passende, Art und Weise- eben „my way“ ... Meine, Ihre ganz spezielle Art - von (auch) Glück.
Wir sind leider – oder zum Glück - keine Götter oder geklonte, unverwundbare Superhelden, Maschinen, Roboter ... Jeder Mensch wird gebraucht, kann wertvoll sein– aber ohne sich dafür kaputt zu machen

(lassen)! Anerkennung bei anderen Menschen- im Job, Beziehungen usw.- nur durch Leistung suchen zu wollen (und vielleicht auch noch mit ständig viel zu hoher oder unangemessener)– und nicht „nur" einfach wie man ist (bzw. auch „nur" *angemessene, passende* Leistungen) führt zwangsläufig in den „Burn-out". Zumal man als „Belohnung" für gute, immer bessere und größere Leistungen oft nur immer noch höhere Messlatten bekommt – die irgendwann auch stärkste Menschen überfordern. Man ist ja mit Burn-out auch kein Versager – sondern *Kräfte, Körper und Geist versagen natürlich bei viel zu hohem, langem Druck, Anforderungen und Stress*! Insofern ist Burn-out sogar oft wirklich noch eine – manchmal (aller-)- letzte Chance zurück zu gehen in ein auf Dauer gesünderes und zufriedeneres Leben (bzw. Beziehungen). „Ampel auf Gelb" sozusagen. (Positives) Warn-Signal. Chance. Nicht mehr grün aber auch noch nicht (endgültig) rot. Aber höchste Eisenbahn zur Änderung, danach käme sonst nur noch rot, oft auch tot … Als manchmal also auch letzte Chance! Bzw. überhaupt (zurück) ins Leben – und auch oft gegen Suizid oder sonstigen Tod, ggf. auch der Beziehung! Ein Weckruf, auch für „lebe deinen Traum", dein Leben, deinen Weg ... Statt das Leben zu verschlafen bzw. auf der ständigen Überholspur (daran vorbei) in den Abgrund zu rasen. Auch um sich überhaupt wieder einmal über „seinen Weg", „my way" Gedanken zu machen- und den nur so ja auch richtig gehen zu können!
Auch um wieder – wirklich ganz entscheidend gegen Burn-out als Person und von Beziehungen- mehr zu lernen Positives zu registrieren. An sich und im Leben, ggf. auch Beziehungen usw. Was man auch alles Positive hat und alltäglich leistet, tut- auch „nur" Kleinigkeiten- in der Summe aber sehr viel, qualitativ noch viel mehr ...
Und Träume sind oft so bescheiden und auch erfüllbar ... Zumindest einige, wenn man sich endlich mehr damit beschäftigt, Zeit dafür nimmt – für „große" und „kleine" Träume und Wünsche.
Auch nicht zuletzt „nur" mehr Zeit für sich und seine Liebsten, bzw. seine Hobbys, Interessen, ... Bei deren Ausleben man ja auch, z. B. auch im Verein oder wo auch immer, Menschen mit ähnlicher „Wellenlänge" treffen kann- als gute Grundlage für nette Bekanntschaften und auf Dauer eventuell sogar noch mehr.

V. (Positives) Beispiel– Makel und Probleme anders sehen… Und Schönheit liegt wirklich im Auge des Betrachters

Zudem, ergänzend zum zuvor hierzu schon Ausgeführtem: Selbst wenn man nicht der oder die „Aller- Hübscheste" wäre, was ja aber doch sehr subjektiv ist, man irgendeinen „Makel" hätte- den hat ja aber wirklich *jeder* Mensch, *kein* (ja auch immer *Mängel*wesen) Mensch, *nobody* is perfect! ... Und eventuell deshalb keinen Partner finden würde: Ist man dann selbst schuld? Hier fand ich das Beispiel einer jungen Frau in England sehr Aussage kräftig und imponierend, vorbildlich. Die einen aufgrund einer schweren Krankheit körperlich ziemlich entstellten jungen Mann heiraten möchte, mit ihm Kinder bekommen, mit diesem zusammen ist und ihn innig liebt aufgrund seiner inneren Werte.
Was sie glaubhaft vermittelt – wohl nicht nur in den Medien, durch die diese Geschichte vor einiger Zeit ging. Dass sie das nur tut um berühmt zu werden ist kaum anzunehmen- da sie sich doch sehr viel dafür anhören, sich unzählige Male rechtfertigen musste. Respekt! Ich weiß nicht, ob ich dazu stark genug wäre. Auch bei weniger „entstellten" Menschen. Aber wie gesagt, wenn man das nicht ist wäre das eigene Schwäche und nicht die des Anderen, „nicht so hübschen, makellosen", Menschen. Wenn man dann mit Sprüchen wie „du kriegst wohl keinen Anderen" nicht umgehen kann, selbst wenn das schwer ist. Obwohl es ein toller Mensch ist. Richtig mies und schwach sind allerdings dann ja doch nur die, die solche Sprüche von sich lassen und viel mehr auf Oberflächlichkeiten achten als auf viel wichtigere Werte...

Und, wie es einmal in einem Lied von Klaus Lage hieß: „Ihr müsst sie nur einmal mit meinen Augen sehn…" (oder ihn). Wichtig ist letztlich ja , dass man angenommen wird – und vor allem sich selbst annimmt –

wie man nun einmal ist, sein mag. In der Tat „Glücklich ist nicht wer anderen so vorkommt - sondern wer sich selbst dafür hält“ (A. Saneca); zumal: „Glück ist Selbstgenügsamkeit“ (Aristoteles). Allerdings braucht man dazu in der Tat heute oft Unterstützung, zumal wirklich unglaublich viele Leute anderen deren – ganz persönliches- Glück madig machen wollen, oft aus Neid. Wo zudem sicher, gerade selbst heute noch in Deutschland auf vielen Gebieten, wohl doch oft noch gilt: „Moralische Entrüstung ist Neid mit einen kleinen Heiligenschein“ (H. G. Wells). Und “In der moralischen Entrüstung schwingt auch immer die Besorgnis mit, vielleicht etwas verpasst zu haben“. (J. Genet). Und „Der Neid ist die aufrichtigste Form der Anerkennung“ (W. Busch). Insofern ist Neid sozusagen ja sogar eine Art Wertschätzung (das kann für das Selbstwertgefühl der Opfer eine wirklich wichtige Erkenntnis sein!). Wenn doch in einer Form und von Menschen, auf deren Anerkennung (bzw. überhaupt Urteil) man natürlich gut verzichten kann, das auch nicht nötig hat und sich nicht bieten lassen muss.
Übrigens natürlich sicher von respektlosen Pädagogen, Therapeuten oder auch „Staatsdienern“ usw. nicht! Alleine deren Form ist ja schon ungut, verwerflich. Unakzeptabel.
Wie überhaupt es ein gewaltiger Fortschritt für die Menschheit wäre, wenn unzählige Menschen- gerade die, die das eigentlich viel eher nötig hätten- einfach einmal wirklich erst einmal vor „der eigenen Tür kehren“ und sich ihren „Senf“ – bis hin zu Mobbing bzw. übler Nachrede- ersparen würden zu (auch persönlichen, privaten) Angelegenheiten, die sie eigentlich nichts angehen – oder wo sie einfach nicht mitreden können. Auch darüber, was andere Menschen angeblich nicht können ... oder sollen. Aber in der Tat, leider: „Viele Menschen sind zu gut erzogen, um mit vollen Mund zu sprechen; aber sie haben keine Bedenken, dies mit leeren Kopf zu tun“ (O. Wells).
Zumal was „gut“, „schön“ usw. ja wirklich immer eine Sache der persönlichen bzw. auch allgemeinen Welt-Anschauung ist (ausführlicher vgl. auch Maturana, Varela und Wulf dazu). Was etwa im Kapitalismus als schön und gut gilt wird in anderen gesellschaftl. Systemen bzw. Kulturen teilweise ja ganz anders gesehen. Selbst im Vergleich vieler „kapitalistischen“ Ländern gilt das ja und selbst innerhalb dieser gibt es

ja zig verschiedene Parteien, Standpunkte, Anschauungen usw. Und selbst in der sonst eher Magersuchts-„Vorbilder“ produzierenden Mode-Industrie konnte ja ein „Mode-Zar“ wie Karl Lagerfeld die doch sehr, sehr „vollschlanke“ Sängerin Beth Ditto als „neue, so ganz andere Muse“ fördern- und ihr so mit den Weg zur Welt-Karriere ebnen.
Wie übrigens die meisten Männer und Frauen eher etwas weniger dünne Menschen mögen.
Und- apropos Vieles anders, ggf. etwas entspannter sehen: Viel Streit kann ja wirklich andererseits sogar Zeichen einer guten (!) Beziehung sein. Auch z. B. in der Pubertät „kracht“ es ja gerade, manchmal nur, dann richtig wenn Eltern und Kinder ein gutes (!) Verhältnis miteinander haben. Es „brennt“, kocht hoch wenn viel Feuer da ist – auch an positivem Gefühl, Liebe, ... Das Kind, Jugendliche hat in dieser Zeit ja aber die Aufgabe sich abzugrenzen, eigene Wege zu finden. Bei gutem Verhältnis muss man da Eltern wirklich etwas „weg beißen“, weil man ja eigentlich an denen hängt. Nicht leicht für die, zweifellos - aber letztlich ein Zeichen einer guten Beziehung!
Wie generell oft in diversen Beziehungen das „Nähe-Distanz- Problem“ bzw. Phänomen oder anderes „Ambivalente“ – das ist aber menschlich … Und nicht etwas „Krankhaftes“.
Hatten sich Eltern und Kinder zuvor aber schon nicht viel zu sagen, keine gute Beziehung, gibt es in der Pubertät selten Streit oder halt nur den schon üblichen– man hat sich ja eh auseinander gelebt ... Es sind dann kaum noch Gefühle im Spiel, es können dann nicht so viele „hoch kochen“ bzw. „ausbrennen“.
Ähnliches gilt in Freund- und Partnerschaften. Große Gefühle, auch Liebe erzeugt natürlich im Streit umso stärkere Enttäuschungen, Verletzungen, Gefühle- die dann umso stärker hoch kochen, Wut, bis hin zu Hass (psychoanalytisch gesehen „eingefrorene Liebe“). Das, zumindest ursprünglich große *positive* Gefühl – Liebe - als Ursache heftiger Streits, Verletzungen („Love hurts...“), Wut, Ausbrennen etc. sollte ja aber nicht vergessen werden und lässt Dinge oft ganz anders sehen- auch Potenzial, das grundsätzlich da ist. Und meistens mit profess. Hilfe dann wieder ausgegraben werden kann, obwohl nach zig Streits oder langem Schweigen, nebeneinander her leben ziemlich

verschüttet. Wenn man Streits immer als nur Zeichen negativer Gefühle bzw. Absichten interpretiert.
Auch wenn das natürlich manchmal doch möglich sein kann, dann immer mit Unterstützungs-Bedarf, ggf. sogar polizeilich: Meistens hat es aber nur o. g. Gründe, sieht man das zu Unrecht zu negativ! Man mag sich dann nur vermeintlich „ja eh nicht mehr"- oder „noch nie"- und es gibt nichts Verbindendes mehr (anscheinend) usw. So ist man natürlich aber nicht mehr sehr motiviert. Kämpfen um die Beziehung lohnt dann anscheinend nicht mehr. Doch, oft gerade dann! Das zu erkennen und Streits etc. nicht als (nur, immer) negativ zu sehen half Paaren oder Eltern mit ihren Kindern, Jugendlichen aber auch untereinander, oft in kurzer Zeit ganz entscheidend weiter. Nach zuvor nicht selten recht erfolgloser langer Paar- oder Erziehungsberatung.
Und die Luft wird weiter oben ja immer dünner ... Anstatt zu sehen, dass Paare schon viel länger zusammen sind als der Durchschnitt und dann auch mehr durchmachen mussten, überstanden haben machen sie sich Vorwürfe, wenn es Probleme gibt. Anstatt zu sehen, was sie schon alles *Positives erreicht bzw. auch was sie schon überstanden haben* (das geht in der eigenen Betrachtung oft völlig unter, selbst bei zig schwersten Schicksalsschlägen! Mit Worten wird es ggf. anerkannt - aber in der Tat?). Top, auf dem Gipfel, je länger man zusammen ist bzw. man weiter kommt, z. B. auch Nachwuchs, Hausbau oder dergleichen ansteht bzw. schon da ist, je besser die Beziehung – umso größer natürlich aber mögliche Probleme, zu Lösendes, bzw. Themen. Mathematische oder andere Probleme sind an der Universität ja komplexer als an der Grundschule. Sind die an der Uni., auch dass man die überhaupt erreichte, aber ein schlimmes Zeichen? Oder eher ein gutes, dass man es weit gebracht hat? Und selbst „nur" Real-und Hauptschüler haben es heute ja alles andere als leicht. Auch Probleme im Beruf sprechen so oft dafür, dass man es *weit gebracht* hat – eben dann mit Problemen auf ebenfalls hohem Niveau.
Wer viel arbeitet kann ja mehr Fehler machen. Auch als sozial eingestellter Mensch hat man evtl. mehr Probleme wie ein egoistischer, man denkt dann sogar noch an andere … Macht sich sogar noch um Probleme anderer Menschen Gedanken. Auch gerade in der besten

Eltern-Kind- Beziehung (oder unter besten Geschwistern, ggf. Kollegen, Freunden, Partnern usw.) kracht es, nicht selten gerade dann und besonders heftig (s. oben) ...
So bekommen ja viele Paare viele Probleme erst gar nicht, weil sie sich nach kurzer Zeit trennen, keine Kinder bekommen oder nur recht leidenschaftslose bzw. oberflächliche Beziehungen führen. Wo dann gar nicht so viel „ausbrennen“ bzw. erkalten kann, weil gar nicht so viel Feuer oder „Tiefgang“ da war. Durch frühe Trennungen bekommt man natürlich gar nicht so viele Probleme wie bei langen Beziehungen. Können nicht so viele Missverständnisse, Verletzungen, Fehler passieren (zumal neue Untersuchungen ergaben, dass Männer Mimik, Gesten von Frauen extrem oft falsch interpretieren). Das sollte man sich wirklich unbedingt verdeutlichen! Dann kann man Probleme oft ganz anders einordnen und damit den Stand der Beziehung bzw. deren (zumindest mit fachmänn. Hilfe) Entwicklungs-Potenzial und mehr Auswege finden. Auch mehr Vertrauen, Glauben, zumindest Hoffnung in die eigene Kraft - bzw. sogar die von 2 Menschen, Beziehungen!
Und vielleicht stimmt ja doch nicht immer der erste Eindruck von Menschen, nimmt man sich damit viele potenzielle Chancen für Beziehungen. Sollte man viele Leute erst einmal genauer kennenlernen … Bei 1. Begegnungen stimmte die Chemie vielleicht nicht, ok. Aber vielleicht hatte einer der Beteiligten nur einen schlechten Tag. Und ziehen sich ja auf Dauer ja vielleicht sogar wirklich- vielleicht ja doch nur scheinbare- Gegensätze sogar gerade an? Vielleicht nervt einen eine Seite des Anderen (das ist ja bei allen Menschen so). Unzählige andere, erst mit der Zeit entdeckbare, sind aber toll? Und was sich liebt neckt sich ja bekanntlich … Manchmal vielleicht ja aber in umgekehrter Reihenfolge … Natürlich muss das auch alles nicht sein. Man muss sich z. B. nicht ständig streiten, wenn man eine gute Beziehung haben will. Und manchmal stimmt der „erste Eindruck“. Aber es gibt wohl sogar oft eher eine Liebe auf den 2.ten, 3.ten,… Blick, privat oder unter Kollegen, als eine auf den ersten (und gerade „Ecken und Kanten“, ggf. auch „Eigenarten“, machen Menschen ja oft interessant). Oft lohnt sich nicht vorschnell aufzugeben. Manche Leute haben ja nur eine „harte Schale“ aber ganz- ggf. sogar umso mehr- liebevollen, liebenswürdigen

„Kern“. Zumal in unserer Zeit heute, in der man sich ja oft erst einmal eher nur flüchtig kennenlernt und da hinter die Fassade blicken oft lohnt!

Manchmal auch bei kleinen aber feinen (bzw. fatalen) Missverständnissen. So ist z. B. jemand, der früh morgens im Bus, U-Bahn usw. zur Arbeit immer so ein „brummliger“ Mensch ist später am Tag ja viel besser, sympathischer drauf? Oder hat er, sie nur gerade eine sehr schlechte Zeit. Bzw. viel zu ertragen. Oder schaut jemand, den man freundlich anlächelt, nicht weg weil er einen so doof findet- sondern, im Gegenteil, aus Schüchternheit bzw. Selbstunsicherheit („da kann ja wohl nicht ich gemeint sein, wenn einen so jemand Tolles anlächelt“)? Es gibt, wie gerade auch in Familien-und Paarberatungen fast immer zu sehen, unglaublichste Missverständnisse, sogar – wissenschaftlich belegt- *je länger Beziehungen dauern* ! Da es dann ja sogar immer mehr, zunehmend bzw. gesammelt und oft kaum bewusst, Missverständnisse geben kann, sich potenzierend und hoch köchelnd. Dies aber sogar oft von Anfang an, was ja sogar schon das Zustandekommen von Beziehungen verhindert- wenn man zu schnell Menschen „in Schubladen steckt“- bzw. gesteckt wird.

Evtl. wird man zudem nur von jemandem öfters kritisiert, weil der eigentlich sehr viel von einem hält -und deshalb einen deshalb auf höherem Niveau, „Level“ beurteilt als das, das man sich selbst gibt, usw.

Da gibt es sehr oft wirklich noch sehr viele (statt eventuell verpasste) Möglichkeiten, zu Entdeckendes, Aufzuklärendes, wenn man nicht ggf. vorschnell falsche Schlüsse zieht, vorschnell „zweifellos“ interpretiert bzw. urteilt. Auch um Menschen besser verstehen zu können bzw. kennen und eventuell sogar lieben zu lernen. Auch trotz aller „Macken“ - bzw. ja vielleicht sogar *wegen* einiger.

Und in Beziehungen – oder auch von Singles- sind Zickigkeit, verbale Aggression, Schweigen usw. in der Regel eher Hilferufe, Zeichen von Hilflosigkeit, Verzweiflung, vielleicht Verletzung(en), … Vielleicht auch Schüchternheit, Unsicherheit, eigener Zweifel und Ängste, Traurigkeit usw. Das ist oft erst mit Blick eines Dritten, Beratung besser zu erkennen. Auch gerade bei sich nahestehenden Menschen.

Manchmal helfen hier aber schon Ratgeber wie - auch in vielen Bibliotheken erhältlich- solche von Peseschkian bzw. für Eltern Weikert, Zimmer bzw. Goldman- der auch zu „komischen, peinlichen, ambivalenten Gefühlen“ in familiären, partnerschaftlichen Beziehungen- vgl. bitte Literaturverzeichnis. Oder in der Anlage hier dazu genannten Beratungsmöglichkeiten.

Zumindest kann man mit mehr sich und anderen Menschen mehr „2. Chancen“ geben vielleicht doch „nur“ einen (weiteren) guten Bekannten kennenlernen. Aber vielleicht wird man von dem/der ja einmal auf eine Party eingeladen und lernt dort seinen „Traumprinz“/-Prinzessin kennen? Für dessen Suche man doch oft Geduld, langen Atem braucht. Ja, „gut Ding will Weile haben“- und oft solche Umwege bzw. „Netzwerke“. Erst einmal einen, evtl. doch besser zu einem passenden, Bekanntenkreis finden und dann dort früher oder später dann solche „Treffer“. Gerade wenn man vielleicht sehr gerne schnellen „Vollzug“, unmittelbaren Erfolg hätte braucht man ja (leider) oft Geduld und Gelassenheit. Wenn man sich damit einigermaßen abgefunden hat- leichter gesagt als getan und oft nur mit Unterstützung möglich- geht es allerdings manchmal wiederum erstaunlich schnell. Und zumindest die Hoffnung stirbt ja wirklich zuletzt. Und oft kommt wirklich zudem „unverhofft“ oft, sogar gerade bevor man die Hoffnung verliert bzw. ggf. schon etwas aufgegeben hat.

Und wirklich doch sehr berechtigte Hoffnung, zumal wenn man mit der Zeit (und ggf. auch fachmänn. Hilfe) zunehmend mehr zu sich selbst „stehen“ kann, dann wird man sogar für andere Menschen interessanter. Zumindest für die, die ähnlich „drauf sind“, die man dann aber wahrscheinlich ja ebenfalls interessant findet ... Gleich und Gleich gesellt sich ja bekanntlich gerne. Und das ist auch gesundes Selbstbewusstsein, auch wenn jeder Mensch natürlich immer wieder weiter an sich arbeiten sollte, sich entwickeln kann. Man muss sich, selbst wenn das stimmig wäre, ja nicht (immer) als etwas Besseres sehen. Aber bitte eben auch nicht (immer) als schlechter. Klar können viele Menschen Vieles besser als man selbst. Umgekehrt aber ja genauso!

Wie enorm, entscheidend dann solche Einsichten, manchmal oft „nur“

geänderte Einstellungen, Sicht der Dinge helfen können- oft mehr als selbst Therapien, Medikamente usw. (auch wenn die doch oft zumindest teilweise auch schon nötig sein können) - beschreibt z. B. Karl Kulitza in seinem Buch „Ich hatte Depressionen". Dem diese Einsicht – dass nicht alles Schlechte, Negative an ihm liegt, sondern einfach meistens „nur" an anderen Menschen, schlechten Umständen oder nur Zufall, Pech - sogar dann letztlich recht schnell aus starken Depressionen half. Nach zuvor eher erfolglosen Therapien. Auch bei ganz „kleinen" aber wichtigen Themen. Wenn er dann nicht mehr jeden von der Damenwelt erhaltenen „Korb" immer nur auf sich bezog. Sondern zumindest manchmal auf die Damen – vielleicht ja nur schon liiert – oder einfach unterschiedlichen Geschmack usw. Kleine aber doch sehr wichtige Fragen.

Und dass (besonders) „stark, gut sein" mitnichten immer alles einfacher macht zeigt sich selbst bei weniger schlimm anmutenden Themen. Für Betroffene aber oft nicht viel weniger leid voll. So haben beispielsweise sehr viele Männer deshalb vor sehr starken, attraktiven, herzlichen bzw. leidenschaftlichen – mit viel „Feuer" sozusagen - Frauen Angst weil sie Schiss haben, dass ja eh irgendwann mal ein anderer („tollerer") Mann kommt und sie "wegschnappt" ... Deshalb flüchtet man(n) dann halt "lieber" oft in Beziehungen mit aus seiner Sicht vermeintlich weniger starken, attraktiven Damen ... Auch aus Versagensängsten, ggf. auch sexuell. Nicht genug für die „seinen Mann" (bzw. ihren) stehen zu können ... Dabei erwarten Frauen und Männer eigentlich meistens gar nicht so viel, das denkt man oft nur ... Aber auch -oder gerade- Männer haben ja große Selbstzweifel und auch Sinnkrisen, übrigens auch „Wechseljahre" usw. Ebenso wie Frauen.

Die Verlassenen – bzw. die, die gar keinen Partner haben - fragen sich aber, was die/der andere „hat, was ich nicht habe", hält sich also für die, den mit weniger tollen Eigenschaften ... Oder fragt sich warum sie, er so viele Männer/Frauen "vergrault", was sie/er falsch macht ... Nichts! Sie, er ist halt nur *zu* gut, toll, attraktiv. Aber bitte dann nicht anfangen sich selbst zu verstümmeln. Also sich weniger stark/ attraktiv bzw. klein machen, sei es „nur" durch nicht mehr auf sein Äußeres achten bzw. sich sein „Feuer" der Leidenschaft, „Tiefgang" usw. nehmen lassen.

Unter ja doch Milliarden Männern und Frauen auf der Welt wird es ja doch noch mehr als einen geben der sie verdient hat, stark genug für eine starke Frau oder Mann ist ... Nur dauert die Suche eben leider dann oft länger! Auch das ist ein wirklich oft wichtiges Thema bzw. Beispiel auch für ähnliche Probleme. Und so etwas kann wirklich großes Leid verursachen und Selbstvertrauen, Feuer, Leidenschaft, Mut in Menschen und Beziehungen ausbrennen. Wenn man – bitte – nicht gut auf sich aufpasst, nicht zuletzt auf sein Selbstwertgefühl, genug Wertschätzung von Mitmenschen. Oder sich zu wenig Menschen sucht, die einem solche ehrlich und respektvoll geben.
Und selbst wenn man andere oder sich manchmal für etwas „crazy“ (das kann man, zumindest in bestimmten Grenzen, ja auch positiv sehen) hält: Sind wir das nicht doch alle manchmal ... Auch etwas „gaga“? Es gibt ja sogar nun eine „Lady“, die das zum Kult erhoben hat. Sehr erfolgreich. Und, selbst das mag – zumindest mich und viele andere Menschen - trösten: „Keiner ist so verrückt, dass er nicht noch einen Verrückteren findet, der ihn versteht“ (F. Nietzsche). Na dann. Das macht einem ja doch noch mal Hoffnung. Ebenso wie folgende ...

VI. Positive Beispiele (Hawkins und Vujicic) : Es ist nie zu spät und immer noch etwas möglich

Selbst Menschen im Koma können zumindest nach einigen Studien und Berichten noch „beziehungsfähig sein“ - und natürlich für ihre Mitmenschen sehr bedeutend. Zumindest selbst sogar „schwerstbehinderte“ können das auf jeden Fall sein. Alle Menschen!

Wie etwa der in seiner körperlichen Bewegung fast völlig eingeschränkte Steve Hawkins – der aber trotz dieser „Makel“ (?) geistig ja nahezu alle Schranken sprengt, als „Einstein der Neuzeit“. Oder der inzwischen sogar als „Mental Coach“ weltweit erfolgreiche –

und auch für mich und viele andere Menschen immer wieder vorbildliche, hilfreiche, beispielhafte- Australier Nick Vujicic. Ohne Arme und Beine (!) zur Welt gekommen.
Die nach der Geburt zunächst schockierten Eltern förderten den bis auf die körperlichen Beeinträchtigungen gesunden Sohn, um ihm ein weitgehend selbstständiges Leben zu ermöglichen. Er litt aber schon früh unter Depressionen, da er sehr oft gehänselt wurde. Beging deshalb mit zehn Jahren einen – glücklicherweise erfolglosen- Suizidversuch. Vujicic berichtet in Interviews und in Vorträgen, wie inzwischen sogar bei „Wikipedia“ über ihn zu lesen, er habe in seinem Leben aufgrund seiner Behinderung lange Zeit keinen Sinn und keine Hoffnung für sich gesehen. Fühlte sich schwach, hässlich, auch nie in der Lage eine Partnerin zu finden ... Seine „schönen Augen“ (nicht mehr und nicht weniger!), als er die damals als wichtig sehen lernte, retteten ihn aber vor dem Suizid. Der schon nochmals geplant war in seiner Pubertät, als er sich nutzlos und schlecht vorkam, auf seine Mängel reduziert von anderen bzw. – noch schlimmer – als Folge letztlich auch von sich selbst. Nachdem er vorher nur seine Mängel, *was er nicht hat*, sah ... Bis er sich darauf konzentrierte, *was eben für alle Menschen so hilfreich sein kann, was er trotz allem hatte und konnte, erreicht hatte alltäglich* – (zumal angesichts seiner Voraussetzungen) sogar wahnsinnig viel! Nach der Grundschule besuchte er dann- mit so völlig anderem Selbstbild, Selbstwertgefühl- die Highschool und erwarb im Anschluss Hochschulabschlüsse. Ist heute sehr glücklich, auch verheiratet. Alles ja sicher mehr als beachtlich, zumal bei solchen Voraussetzungen! Das konnte er aber, wie er immer wieder betont, nur mithilfe seiner Eltern bzw. Freunde, sicher auch einiger Pädagogen und Therapeuten, die immer wieder halfen das Positive in sich zu sehen. Was sein Leben gerettet hat (während Hänseleien bzw. die Menschen, die das machten ja fast zu seinem Suizid geführt hätten). Das zeigt ja wiederum die Bedeutung solch negativem – bzw. positivem – zwischenmenschlichen Umgangs, Beziehungen ... Und von Förderung oder nicht- Förderung, Unterstützung von Menschen. Vgl. auch hierzu das schon beschriebene Beispiel L. Messis. Der so zum Welt-Fußballer, Multi-Millionär und Frauen-Schwarm werden konnte- statt ggf. auf der Straße zu landen,

ggf. dort zu enden. Und es zeigt, dass es ein Unterschied wie Tag und Nacht sein kann, sogar über Leben und Tod entscheiden kann, ob man wenigstens einen Menschen hat, der zu einem hält – oder keinen.
Und (bessere bzw. echte) Freunde, Beziehungen kann man irgendwann immer (wieder) finden, zumal ja „Der beste Weg, einen Freund zu haben, ist der selbst einer zu sein" (R. W. Emerson). Und Menschen, die Freunde – bzw. gegenseitige Unterstützung - suchen kann man finden. Vor Ort oder im Internet (auch auf o. g. Foren bzw. in denen in der Anlage genannten). Auch um natürlich erst einmal nur Hilfe „nehmen" zu können, wenn es einem nicht so gut geht. (Wieder) selbst welche geben kann man natürlich „erst" später wieder. Und es überrascht Menschen immer wieder, dass sie letztlich sogar auf Dauer viel mehr *echte, gute* Freunde bzw. Bekannte finden, wenn sie „einfach nur sind wie sie sind", mit allen Stärken und „Macken"... Dazu weitest möglichst zu stehen – natürlich nicht leicht, gerade das bedarf oft auch guter psycholog. Unterstützung- macht Menschen aber ja erst wirklich *interessant, auch einzigartig, ganz besonders.* Privat ... Aber auch beruflich, schon in Vorstellungsgesprächen, wo – gute- Chefs – das, sogar zu seinen Schwächen stehen, doch oft honorieren ... Und mit Hilfe seiner Eltern, Freunde, von Hilfsmitteln und enormer Willenskraft ist eben sogar ein N. Vujicic heute sehr flexibel, spielt Fußball, surft rasant usw. (auch kostenlos im Internet zu finden, sehen unter seinem Namen- das kann man nicht beschreiben, sollte man gesehen haben). Er gibt heute auf Massen-Veranstaltungen zig Tausenden Menschen Mut, die an sich mit viel kleineren (wenn für sie auch nicht unbedeutenden) „Mängeln" zweifeln. Und durch ihn, sein Beispiel, (Selbst-) Wertschätzung erfahren. Statt völlig zu verzweifeln, wenn man vorrangig seine Schwächen sieht – was ja selbst die stärksten Menschen an sich zweifeln und auspowern lassen würde! Und ohne Hilfen, Hilfsmittel und Zuspruch hätten weder Einstein, Mozart, Hawkins, Messi, Clooney noch Vujicic oder sonst irgendein Mensch es soweit gebracht wie sie es taten, wären einige – also sogar ein Mann wie Hawkins, der in einem Atemzug mit Einstein genannt wird – bestenfalls in einer „Werkstatt für Behinderte" gelandet (bzw. früher gleich als „unwertes Leben" betrachtet). Und selbst Einstein musste ja letztlich aus

Deutschland flüchten wegen dort fatalen Umständen … Nochmals: Wenn aus einem Menschen „nicht so viel“ wurde bisher muss sich also immer erst einmal die Gesellschaft fragen, gerade auch wir Pädagogen, Therapeuten und Politiker usw., ob der wirklich schon genug passende, optimale Förderung und Zuspruch – bzw. nicht sogar noch Benachteiligungen oder sonstige Hürden- bekam! Auch als vielleicht „nur“ Mutter, Vater- ohne die würden wir ja aussterben- oder, fast nie selbst dafür „Verantwortlicher“ (und nur weil ohne Job schlechter Mensch) Arbeitsloser usw.

Und man muss ja nicht gleich so erfolgreich sein wie in zuletzt genannten Beispielen. Aber selbst ohne Arme, Beine, mit welchen „Mängeln“ oder was auch immer: Man kann ein gutes Herz haben, somit ein guter Mensch sein und, auch wenn das heute wahrlich nicht einfach ist, mit Unterstützung bleiben (und damit viel besser sein als andere Menschen, die weniger gut sind – beispielsweise weil sie Mitmenschen quälen, hänseln, ausnutzen, ... asozial).

Und damit natürlich *jeglicher Unterstützung und Anerkennung (und auch guter Freunde und Beziehungen) wert* (und auch liebens*wert*!). Die *jeder* Mensch ja auch oft braucht.

Alles Gute, in jeder Beziehung …

Wolfgang Laub Falkensee/ Berlin und Kiel im Mai 2013

VII. LITERATUR- und Quellenverzeichnis

[Weitere, auch genauere, Literatur- und Quellenangaben sind auch im Text zuvor zu finden]

- Ancelin- Schützenberger, A.: Oh meine Ahnen (Wie das Leben unserer Vorfahren in uns wiederkehrt) , Heidelberg 2003
- Balsen, W. (Hrsg.): Die neue Armut, Köln 1984
- Barthelmeß, M. : Systemische Beratung- eine Einführung für psychosoziale Berufe, Weinheim 1999
- Bollnow, O.F.: Existenzphilosophie und Pädagogik, Stuttgart 1962
- Boszormeny-Nagy, I.; Spark, G. M.: Unsichtbare Bindungen. Die Dynamik familiärer Systeme, Stuttgart 1981
-Brezinka, W. : Grenzen der Erziehung . In Schicksal ? Grenzen der Machbarkeit ,1978
- Bronisch, T. : Der Suizid, München 1995
-Ciompi, L.: Affektlogik, Stuttgart 1982
- Degen, R. : Lexikon der Psycho-Irrtümer, Frankfurt/Main 2005
- Emlein, G.: Die Balance von Geben und Nehmen. Zur Theorie und Praxis „kontextueller" Therapie . Familiendynamik, Hamburg 1995
- Enders,U.: Handbuch gegen sexuellen Missbrauch - zart war ich bitter wars, Köln 2001
- Engel, S./Gärtner-Engel, M.: Neue Perspektiven für die Befreiung der Frau, Essen 2000
- Erath, I.: Grenze des Lebens aber nicht der Liebe. Tröstende Gedanken für Trauernde, Wörthsee bei München, 1996
-Fromm, E.: Authentisch leben, Freiburg 2000
- Furmann, B.: Es ist nie zu spät eine glückliche Kindheit zu haben, Dortmund 2001
- Goldman, M. J. : Vater und Kind. München 2006
- Heiner, M.: Nutzen und Grenzen systemtheoretischer Modelle für eine Theorie professionellen Handelns. In „Neue Praxis" 5 u.6 /1995
- Jaeggi, E. : Wer therapiert die Therapeuten?, Berlin 2005
- Jooß, C.: Albert Einstein–Wissenschaftler und Rebell, Düsseldorf 2005

- Kasten, H.: Geschwister (Vorbilder,Rivalen,Vertraute),München 2003
- Kulitza, K.: Ich hatte Depressionen, München 1997
- Largo, R. H.: Kinderjahre. Die Individualität des Kindes als erzieherische Herausforderung, München 2007
- Lelord,F.: Hectors Reise (die Suche nach dem Glück), München 2004
-Ley,K.: Geschwisterbande (Liebe,Hass und Solidarität),Ostfildern 2001
-Lüssi, P.: Systemische Sozialarbeit, Bern 1992
- Maturana, H. R. / Varela, F. J. : Der Baum der Erkenntnis. Die biologischen Wurzeln des menschlichen Erkennens, München 1996
- Mc Goldrick, M.: Wieder heimkommen -Spurensuche in der Familiengeschichte, Heidelberg 2003

- Peseschkian, N.: Psychotherapie des Alltagslebens. Training zu Partnerschaftserziehung und Selbsthilfe. Frankfurt/M. 1977
- Piarry, S.: Erfolgreich netzwerken! , Norderstedt 2008
- Rauschenbach,T.(Hrsg.): Soziale Arbeit und Erziehung in der Risikogesellschaft, Neuwied 1992
- Satir, V. : Selbstwert und Kommunikation. Familientherapie für Berater und zur Selbsthilfe. München 1988
- Viorst, J.: Necessary losses ("Mut zur Trennung"), Hamburg 1988
- Ware, B.: The top five regrets of the dying, New York 2012
- Weikert, A.: Kindererziehung. Bewährte Ratschläge und Lösungen für jedes Alter – Bayreuth 2005
-Wulf, C.: Einführung in die Anthropologie der Erziehung, Weinheim 2001
-Zimbardo, P. G.: Psychologie, Berlin/New York 1999
- Zimmer, K.: Versteh mich doch bitte! Wie Kinder und Erwachsene zu mehr Verständnis füreinander finden, München 2000

VIII. **(Anlage) :**

Anlaufstellen bei Beratungs- und Seelsorge- Bedarf, auch im Notfall

(*in akuten Fällen aber umgehend in Deutschland die Telefonnummer „110" oder 112 wählen, unbedingt- lieber einmal zu oft als zu spät!*) :

Möglicher erster Ansprechpartner neben einem Arzt des Vertrauens ist (anonym, kostenlos, auch per E-Mail möglich, Tag und Nacht) die Telefonseelsorge(.de) inklusive ihrer sorgfältig ausgesuchten und geschulten Mitarbeiter, die auch weitere Anlaufstellen vor Ort nennen können.

Denn, nochmals: *Ein Buch, nur Selbst- oder auch Fern-Diagnose, allgemeine Tipps oder dergleichen können eine konkrete fachmänn. Beratung, Untersuchung (auch körperlich, von einem Arzt, der auch zu psychotherap. Hilfe überweisen kann) auf keinen Fall ersetzen!*

Weitere nützliche Adressen, mit dort wiederum vielen weiteren Informationen, Adressen – ohne Gewähr und Haftung dafür, auch für Aktualität:

- das-beratungsnetz.de-kostenlose Hilfe bei vielen möglichen Problemen
- therapie.de - gemeinnütziges Psychotherapie-Portal mit Therapeuten-Suche und weiteren Link- Tipps
- jugend-notmail.de - Tipps +Hilfe (auch per E-Mail) für Leute bis 25
- nummergegenkummer.de (Mitglied im Dt. Kinderschutzbund) für Eltern + Kinder
- bundesfachverbandessstoerungen.de – viele Tipps, Infos dazu
- ueberlebensgeschichten.de - viele, auch Link-, Tipps von Unglück-, Not-Überlebenden
- krankheitserfahrungen.de Kranke Menschen beschreiben ihre Gefühle, was ihnen hilft (auch für Angehörige interessant)
- nakos.de - Datenbank über Selbsthilfegruppen in ganz Deutschland
- Seiten der Bundeszentrale für gesundheitliche Aufklärung - mit vielen weiteren Adressen/Tipps, u. a. auf loveline.de - dem Jugendportal der BZgA- auch zu Liebe, Sex usw.

- web4health.info/de - Kostenlose Online- Beratung/Tipps zu allen möglichen Gesundheits- und psycholog. Fragen
- weisser-ring.de (Hilfe für Opfer von Verbrechen)
- meine-schulden.de Kostenlose Beratung, auch anonym, online, bei Schulden
- sozialvital.de Tipps für überschuldete/ hiervon bedrohte Menschen
- www.*schueler-mobbing.de* , www.*mobbing-schlussdamit.de* , *www.mobbing-zentrale.de* – viele Tipps und Hilfen für Opfer von Mobbing bzw. Angehörige- Eltern usw.
- *www.mobbingscout.de* – umfangreiche Datenbank für Hilfen bei Mobbing (der Fairness- Stiftung)
- handicap-net24.de Ziel (und Tipps dafür): Horizonte öffnen für Menschen mit Handicap
- dgb.de Deutscher Gewerkschaftsbund – Seite mit Tipps, Links zu Gewerkschaften u. a. Beratungsangeboten, auch z. B. zu „Burn-out“
- solidaritaet-international.de Internat. Solidaritäts-und Hilfsorganisation
- lebensmut.de – christl. Seite, die (neuen) Lebensmut machen möchte
- lebensgeschichten.org - Selbsthilfe– Seite, Tipps in jeder Beziehung

Printed by Books on Demand GmbH, Norderstedt / Germany